JN084208

やってみた！ いのちを守る64の防災活動

BOSAI consciousness

著者 関西大学初等部6年生（第11期生）
協力 関西大学社会安全学部

さくら社

はじめに

●災害被害≒0プロジェクトをはじめたきっかけ

私たちは小学1年生だった2018年6月18日に大阪府北部地震にあいました。その時はまだまだ小さくて、地震が起こっていても何をしたらいいかわからなくて、先生に言われるまま机の下に隠れていました。学校がすごく揺れて、とても怖かったことを覚えています。

地震はいつ来るかわからないということを強く感じた経験でした。

5年生の時には、兵庫県にある「人と防災未来センター」に行きました。かつてあった阪神・淡路大震災の被害の大きさ、被害にあった人たちの思い、復興に向けてたくさんの人たちが頑張ったことを知りました。

帰ってきてからは、さらに自分たちの親や祖父母にインタビューを行い、阪神・淡路大震災がどんなにおそろしい地震だったか、そのような大きな地震に対してどのような心構えを持たなければいけないのかについてリアルに考えることになりました。

そんな中、南海トラフ巨大地震について学ぶ機会がありました。この地震は東海地方から西日本太平洋沿岸を中心に今後30年以内に70～80%の確率で起こる大きな地震とされ、全国で死者最大約32万人、私たちが住んでいる大阪の死者が7000人を超える可能性があると知りました（図１）。

その被害の範囲は全国に及び（図２）、多くの人の命が奪われてしまうことに恐ろしくなりました。そして、その亡くなる人が自分や自分の大切な人かもしれないと思うと、防災について他人事ではいられないと考えるようになりました。

防災を行う際に、どのような人を中心に考えるのがよいのでしょうか？

「みんな」という意見がたくさん出ました。しかし、その「みんな」というのには誰が含まれるかというと、自分や友だち、家族の人はもちろん、この町に住んでいる人、高齢者、障がい者、日本語を話せない外国人、ペットも、様々な人たちが含まれていることに気付きました。

「みんな」が助かるためにはどのようなことができるのか。私たちは誰一人取り残さないために、地震が起こる前の備え、起こってからの行動、

図1　想定される南海トラフ巨大地震 死者数【合計】

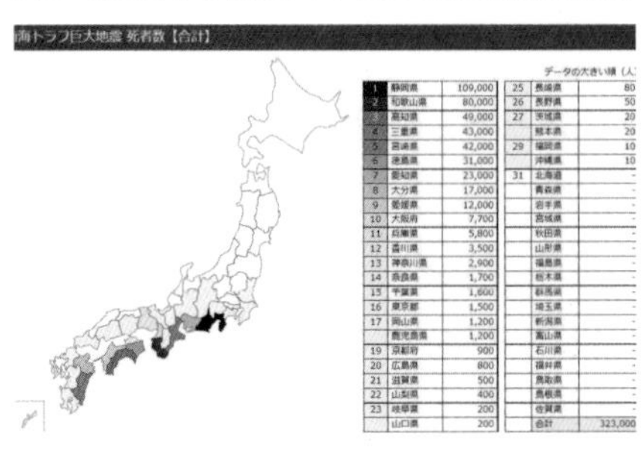

海トラフ巨大地震 死者数【合計】

データの大きい順（人

順位	都道府県	死者数	順位	都道府県	死者数
1	静岡県	109,000	25	長崎県	80
2	和歌山県	80,000	26	長野県	50
3	高知県	49,000	27	茨城県	20
4	三重県	43,000		熊本県	20
5	宮崎県	42,000	29	福岡県	10
6	徳島県	31,000		沖縄県	10
7	愛知県	23,000	31	北海道	-
8	大分県	17,000		青森県	-
9	愛媛県	12,000		岩手県	-
10	大阪府	7,700		宮城県	-
11	兵庫県	5,800		秋田県	-
12	香川県	3,500		山形県	-
13	神奈川県	2,900		福島県	-
14	奈良県	1,700		栃木県	-
15	千葉県	1,600		群馬県	-
16	東京都	1,500		埼玉県	-
17	岡山県	1,200		新潟県	-
	鹿児島県	1,200		富山県	-
19	京都府	900		石川県	-
20	広島県	800		福井県	-
21	滋賀県	500		鳥取県	-
22	山梨県	400		島根県	-
23	岐阜県	200		佐賀県	-
	山口県	200		合計	323,000

都道府県データランキング　https://uub.jp/pdr/q/nankai.html

図2　基本ケースの震度分布

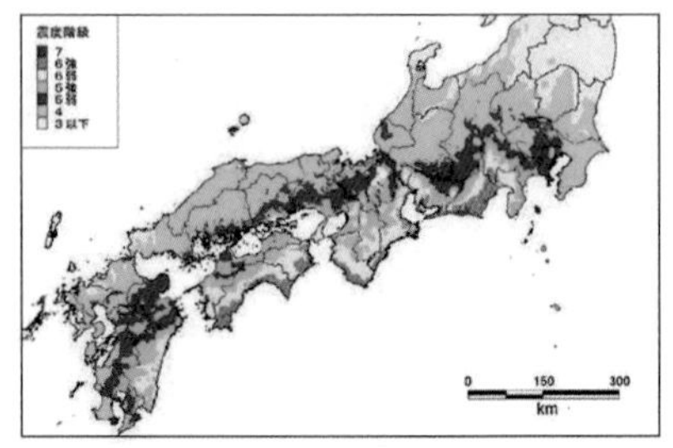

気象庁　https://www.data.jma.go.jp/svd/eqev/data/nteq/assumption.html

起こった後の想定をしっかり学ぶこと、そのためにまずは自分たちが行動すること、そして「みんな」に伝えるために、防災イベントを開催することに決めました。

多くの資料や経験談などを調べるうちに、「死者を０にすることは難しい、でも、限りなく０に近づけることはできるのではないか」と話し合い、災害に備え、活動していく意識が高まっていきました。なんとかして南海トラフ巨大地震が、またそれ以外の直下型地震が起きた時に助かる人を増やしたいと思ったのです。

●防災イベント開催

2023年2月には防災イベント「BOSAI FESTA」を開催しました。このイベントでは、私たちの目線で大切だと考える多くのことを話し合い、カテゴライズした結果、「防災グッズ」「非常食」「災害弱者（災害時要配慮者）」「共助」「医療」「避難・避難所」の6つのテーマが決まり、その６つのグループに分かれて、テーマに沿ったプレゼンテーションによる学習、体験などを行いました。

防災グッズのグループでは、必要なものを選んで災害持ち出し用のリュックを作り、そのリュックを持って一定の距離を走ってもらいました。

非常食のグループでは、実際に非常食を試食し、「どんな味がするのか」「どれくらい手軽に作れるのか」などを学んでもらい、栄養や重さを考えて防災バッグの中にどのような物を入れるかシミュレーションをしてもら

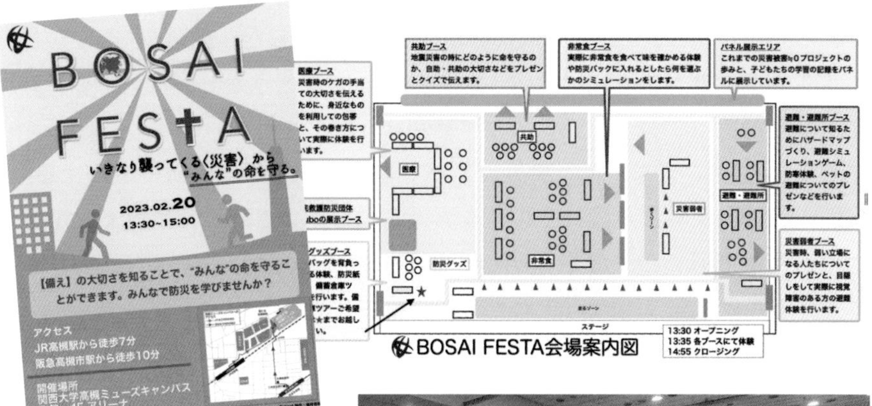

児童作のフライヤー

いました。

災害弱者のグループでは、災害時に弱い立場になる人たちについてのプレゼンと、目隠しをして、目が見えないようにして、避難体験を行いました。

イベントの開催にあたっては、防災食、グッズの購入にあたっては業者の方に協力していただき、外部団体の方にもご指導いただきました。自分たちだけでは決して開催できなかったと思います。

当日は多くの高槻市民の方にも参加していただき、振り返りにも「防災で備えなければいけないことがよくわかった」というポジティブな意見をいただきました。

●自分たちに足りないもの

このようにイベントを運営して一定の達成感は感じ、訪れてくれた人たちには防災の大切さについて伝えることができましたが、それは高槻市の一部の人たち、特に保護者の参加が大部分を占めていたので、本当の意味で「災害被害≒０」にはなっていないのではないかという意見が出ました。

イベントに参加しなくてもきちんと学べる、実用的な知識を得ることができる方法は何か。私たちはみんなで話し合いました。動画やSNSなどのさまざまな意見が出る中で、「本を出版してはどうか」というアイデアが出ました。

書籍ならば、イベントに来ることができなくても手に取ってもらえる。高槻市だけでなく、全国にその声を届けることができる。そう考え、小学生の私たちでもここまで取り組むことができるんだという想いを込めて、本を作ることにしました。それが、この本です。

この本を通して「災害被害≒0」に少しでも近づきたい。昨年度から続けている活動の中で、たくさんの人に話を聞かせていただき、関わっていただきました。私たちだけでなく、そうした多くの人たちの声もこの本に入っています。「みんな」という意識を持つのは本当に難しく、色々な人たちに関わっていただき、色々なことを教えていただいたからこそ少しずつ持つことができた感覚だと感じています。

「みんな」が助かることはそんなに簡単なことではないかもしれません。しかし、この本を通して、一人でも「備えておこうかな」と思ってくれる人がいて、怪我をせずに済んだり、命を失わずに済んだりできたら嬉しいです。

本書は、先述の防災イベント「BOSAI FESTA」でのテーマを基に、「家の地震対策」「防災グッズ」「防災食・非常食」「避難場所・避難所」「地域の防災」「災害時要配慮者」について、子どもたちが自分でできることを調査し、体験した内容をレポートする6つの章で構成されています。

防災の学習を始めた子どもたちが変わっていく瞬間がありました。それは、自分で本当に「やってみた」時でした。何かを実際にやってみる。それが「このままではいけない」と考え始めるきっかけになります。ある児童は防災バッグを背負って走ってみたいと言いました。本来、避難の時に走ることはほとんど必要ありません。しかし、走ってみることで防災バッグの重さを感じ、その上で動きやすさとは何かについて考え、走ることの危険性についても理解することができました。

そんな子どもたちの体験とそこから得た気づきが各章に詰まっています。彼らの「やってみた」から一つでもみなさんの「やってみよう」へとつながり、それが命を救う防災活動になることがあれば幸いです。

目 次

1 確認しよう わが家の地震対策

2 作ってみよう 防災グッズ

3 食べてみよう 防災食・非常食

4 行ってみよう 避難場所・避難所

5 聞いてみよう 地域の防災

6 先ずは知ろう 災害時要配慮者

1

確認しよう
わが家の地震対策

　地震などの自然災害は、いつ起こるかわかりません。いつ起きても対応ができるように、日頃から防災意識を持って災害に備えることが重要です。また、地震が発生した時には、一人ひとりが冷静かつ適切に行動することが被害を最小限に抑えることにつながります。とはいってもいつも高い防災意識を持って日頃から災害に備えるということはなかなかできないものです。身近にある家具類の転倒防止などできるところから着実に実践していきましょう。また、ふだんから使っているものを日常時だけでなく非常時にも役立てることができれば、特別な備えをする必要はありません。身の回りでそのような工夫ができないかを考えてみるのもよいかもしれません。　**（小山 倫史）**

大阪府北部地震発生時の記憶

●家にいたおばあちゃん

おばあちゃんは大阪府北部地震発生時、家のリビングにいました。台所では鍵を掛けていない戸棚から食器がなだれてくるのを見て、とてもこわかったと言っていました。私も学校から帰ってきたら台所がぐちゃぐちゃになっていて、お皿の破片で怪我をしてしまい、痛かったのを覚えています。

他にも、リビングにあったゴミ箱が台所へ飛んで行ったり、壁紙にヒビが入ったりしました。

●仕事場にいたお母さん、お父さん

お母さんは病院で働いているのですが、地震が起こった時に水道管が破裂して、床が水浸しになったり、患者さんが転んで怪我をしてしまったり、大変だったと言っていました。お父さんはパソコンがいくつか壊れてしまったので、データの整理が大変だったそうです。

●学校にいた私

私は北部地震発生時、学校の図書館にいました。棚が固定されていたから倒れてくることはありませんでしたが、いくつか本が落ちてきて怖かったです。その時私は1年生だったので、地震ということがわからず、なんだかよくわからないまま呆然としていると、図書館にいた先生に3年生の教室の中に押し込まれました。

3年生のお兄さん、お姉さんの中にはこわくて泣いている子もいて、その間もずっと揺れていたので、今何が起こっているのか不安に思いました。その後地震が収まり、電車が止まっていたのでお母さんに車で迎えにきてもらって、私は帰れましたが、まだ残っている子たちもいて、大丈夫かな、と思ったことを覚えています。

●北部地震を体験して

「地震」という災害の存在はテレビや本で知っていたけれど、同じ日本でもなんだか遠いような、まさか自分がいつも通りに生活している世界で起こるとは思っていなくて、当たり前ではありますが「地震って起こるんだ」ということを認識しました。

その後、弱い地震はほぼ毎日世界のどこかで起こっていることを知り、地震って、ずっと身近にあったんだということを今さらながら思い、今までしていなかった家族会議などを行いました（次ページ「体験したからやってみた！」）。

（永易 日向）

体験したからやってみた！

戸棚の中にある食器の下に、耐震マットという固定するためのマットを敷くことにしました。食器が中でぶつかって割れることも減るし、棚からなだれてくることも減るので、一石二鳥です。それと、北部地震の時は倒れなかったのですが、いつも布団を敷いて寝ている所の前に、とても重い棚があったので、怖くなって大工さんに固定してもらうことにしました。

その他、防災バッグを家族分用意したり、家族で家族会議をして７つのことを決めたりしました。

７つの取り決め

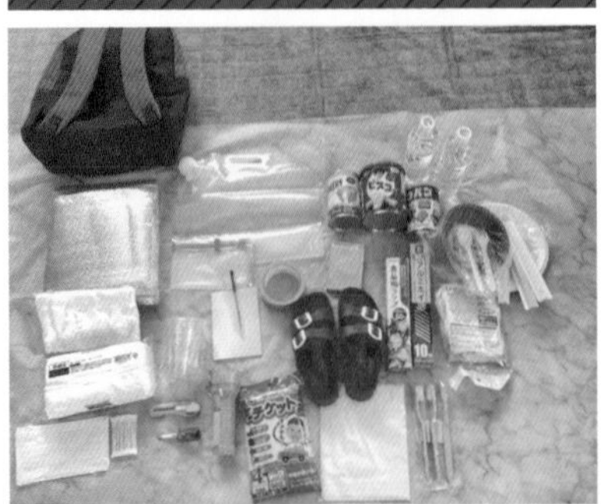

(1) どのように連絡を取り合いますか？（安否確認、書き置き、目印）
——①携帯電話　②となりの○○さんのところへ行く　③公民館へ行く

(2) 家がどのような状況であれば「一人で家から避難する」判断をすればいいですか？（家が傾いている、家の中がぐちゃぐちゃ、ガスや煙の匂いがしたらなど）
——家の中がぐちゃぐちゃ。近所で火事が起こっている。山崩れがしそうである。

(3) 家から一人で避難しなければならない時、どこを目的地にすればいいですか？

——公民館（近くの公園、避難場所（学校）など）

(4) 一人で避難しなければならない時の、戸締り、ガスの元栓しめ・ブレーカーを落とすなどはどうすればいいですか？（子どもでも可能か、しなくてもいいなど）

——しなくてもよい。

(5) 一人で避難しなければならない時、どのように家にいないこと、避難したことをお家の人に知らせたらいいですか？（貼り紙、書き置き、目印など　※但し、防犯の観点にもご留意の上、ご家庭にてお考えください）

——する必要がない。役場についたら記名をする。

(6) 避難までに余裕がある場合、どんな格好で、何を持って一人で避難すればいいですか？（服装、持ち出し袋、貴重品など※季節、天候による違いを考慮していただければありがたいです）

——動きやすい恰好。手袋。ヘルメットをかぶる。

(7) その他、ご家庭の中での約束事・決めていること・大事にしていることなどはありますか？

——少しでも危険を感じた場合はとにかく行動すること。

これらのことを紙に書いて防災バッグに入れたり、それぞれ覚えておくことになりました。

（永易 日向）

取り決めたことが本当にできるか、一度実際に試しておくとよいでしょう。予定していた行き先を変更する場合は、災害用伝言ダイヤル「171」に吹き込んでおこう（→83ページ参照）。　（近藤 誠司）

食器棚に滑り止めを敷いてみた！

地震が起きる前にできる備えとして、家具の固定があります。私は自分の家の中でキッチンの地震対策に目をつけました。

食器棚

私がキッチンの横のテーブルでご飯を食べていた時、キッチンではお母さんが料理をしていました。その時、台所の後ろにある食器棚が目につきました。

家にある食器棚にはたくさんのスペースがあったので、たくさん皿を保管できて、便利でした。しかし、これまでの学習から起きた地震の被害を調べていくと、2018年に起きた大阪府北部地震の時は、棚から食器が落ちて破片が散乱して、危険な状態だったということを記事で見ました。

そんなことを考えていると、「もし今地震が起きて、このたくさんの食器が落ちてきたらどうしよう」と不安になってしまいました。もし、キッチンに居なかったら、あるいはいてもすぐに逃げたら怪我をしないかもしれません。けれども、キッチンに居て強い地震で身動きができなかったとすると、食器棚にはたくさんの皿が置いてあるし、ガラス製の物もあります。それらが落ちて破片が体や目に刺さったら大怪我になってしまいます。

別のところに保管するのか固定するのか

私は、最初、食器棚に入れている食器をもっと低いところに移すべきなのかと思いました。でも、一番皿が置きやすく、取りやすいのは今ある食器棚の場所なのです。なるべく変えたくはなかったので、何かこのままで対策ができないか考えました。手軽にできる対策を話し合った結果、「滑り止めシート」を敷くことにしました。

安全にするための工夫

私の家で今回敷いたシートは食器の下に敷くタイプです。食器を一度出してシートを敷いて、また食器を戻すだけで完了しました。とても簡単でした。

今回の対策をして、食器棚に滑り止めシートを敷いて滑りにくくなったとは思います。でも、それだけでは不十分だと思いました。食器棚自体が開いてしまって、重ねていた皿が飛び出す危険性があるからです。

さまざまな危険が考えられるので、お母さんも皿を取った後はなるべくすぐにドアを閉めて、皿が倒れてこないようにしているそうです。滑り止めシートだけでは不十分だし、対策はいくらやっても十分ではないので、家族全員でもう一度話し合って、協力してもらったら怪我のリスクが少しでも減るんじゃないかと思いました。

（中西 莉愛）

物が倒れてこないようにしてみた！

備えるわけ

もし地震などの災害が起きた時に物が倒れてきたらどうしますか？

下敷きになって、もしかしたら窒息して死んでしまう。食器棚が倒れてきてお皿が割れ、そのお皿の破片などを踏んでしまったら怪我をしてしまう。血が出てきたら逃げる時に不便で逃げ遅れてしまい……と、一大事になってしまうことも想定できます。

そのために私の家ではいろいろな地震対策を行っています。

キッチン

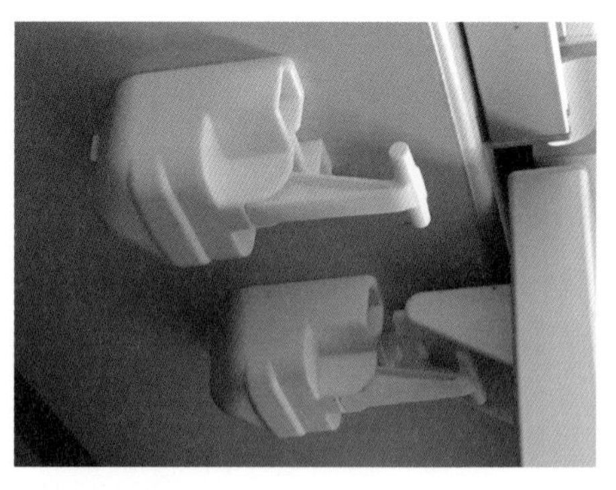

食器棚が倒れてお皿が割れるのを防ぐために、キッチンの食器棚の、扉が開かないようにする地震対策グッズと、食器棚が倒れないようにする物もつけました。倒れないようにするものは私が一年生のころに起きた大阪府北部地震の前からつけていました。その時に実際に活躍してくれ、その時に家にいた家族にも被害がありませんでした。

リビング

リビングでは地震が起きた時にテレビが倒れてこないようにテレビの後ろに紐をつけてテレビ台にくっつけ、テレビが倒れてこないようにしました。

テレビは小さいからと油断をしていて、もしも頭などに倒れてきたら命に関わります。

地震対策をすることで

私は他にも色々地震対策をしました。地震ではいろいろな被害があるかもしれないということを知っておいた方がいいと思いました。

地震対策をすることで１秒でも早く逃げられる可能性や、１人の命を救えるかもしれません。

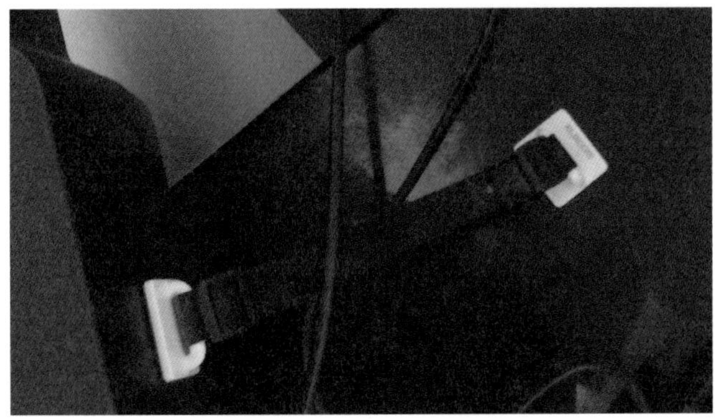

（今村 心）

人を傷つけるのは、地震ではなく、地震の揺れで倒れる家や家具なのです。家具の固定はできるところから着実に取り組むことが重要です。　　　　（菅 磨志保）

テレビ台とテレビをくっつけてみた！

危険だったテレビ

私が小学1年生の時に大阪府北部地震が起こりました。当時は、家で地震対策など何もしていませんでした。なぜなら、物が倒れてくることはないだろうという考えが家族全員にあったからです。

地震が起きた時、家には1人で母がいました。母はいつも通り、家で家事をしていたところ、突然とても大きな揺れがして、テレビが倒れてきました。幸い倒れる直前に母がテレビを支えたため、何も壊れずに済みました。

今回総合的な学習の時間で地震のことについてたくさん学んだので、それを活かして今私たちに対策できることはなんだろうと考えた時に、テレビが倒れないようにするだけでも、少しですが、けがをしたりする危険をなくせると思いました。

テレビ台とテレビが離れないようにする

対策しようといっても、どうしたらいいのか最初はわかりませんでした。

家族で話し合って、たくさんの案が出ました。例えば、

- **テレビとテレビ台をねじで完全に止めてしまう。**

・テレビとテレビ台を何かでくっつけてみる。

・ひもでつなげてみる。

などの意見が出ました。

その中で誰でも簡単に対策できるのはなんだろうと考えてみました。すると、「転倒防止ジェル」というものを100円ショップで見つけました。

これは、メーカーの説明によれば、震度7くらいまで耐えられるものです。これなら貼るだけで、誰でも簡単に対策できます。

（河村 昊葉）

テレビモニターの転倒防止に役立つワイヤーやベルトなども販売されています。ただし実際には、大きなテレビモニターを完全に固定することは難しいため、寝室（特に枕元など）には置かないようにするなど、配置を工夫してみましょう。（近藤 誠司）

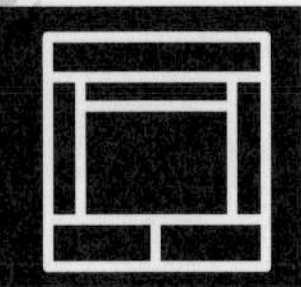

テレビボードを撤去してみた！

寝室にあったテレビボード

私はいつも家族と２階で寝ています。布団を敷いている枕のすぐ上には大きなテレビボードがありました。テレビは置いていないので、物入れとして使っていました。自分の背よりも高かったのでたくさんものが入ってとても便利でした。

しかし、防災の勉強をするようになって、阪神・淡路大震災の被害のことを知った時、「もしもこれが倒れてきたら……」ととても不安になりました。

起きている時に地震が起こったら、すぐに離れればまだ助かるかもしれません。しかし、寝ている時に地震が起こって倒れてきたらどうすることもできません。テレビボードの中にはたくさんのものが入っていて、すごく重たいです。これが寝ている顔の上、体の上に倒れてきたらかなりの確率で死んでしまうのではないかと怖くなりました。

固定するのか？捨てるのか？

防災の勉強をして、家の危険なところを見つけたら固定をしたらいい、と知りました。本棚などは突っ張り棒をすれば安全ということもわかりました。でも、本当に大きな地震が起こった時、突っ張り棒だけでは不十分で、その突っ張り棒が外れてしまって、結局倒れてしまったということもあったそうです。

　いろいろと考えた末に、このテレビボードの中にあるものは別のところに移して、解体して捨ててしまおうということになりました。

なくなってスッキリ安全に！

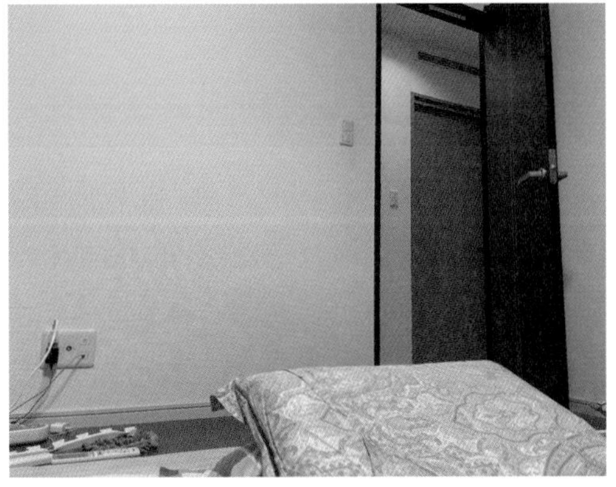

　テレビボードを全て解体して捨ててしまいました。何もなくなってスッキリとした空間になりました。布団の上には大きな倒れてくるものがなくなり、本当に安心できるようになりました。

　地震はいつ起こるかわからないものです。起こる前の備えはいくらしても足りません。実際にやってみて、本当に良かったです。他の場所も点検して、「もしも地震が起こったら……」と考えながら対策できるところを探していこうと思います。

（堀 力斗）

日頃から整理整頓しておくことが、被害の軽減につながります。なるべく部屋にはものを置かないようにし、ドアや避難経路がふさがらないように、家具配置を工夫しましょう。災害時を想像することは、普段の生活を見つめ直すきっかけになりそうです。　　（菅 磨志保）

わが家の防災グッズを調べてみた！

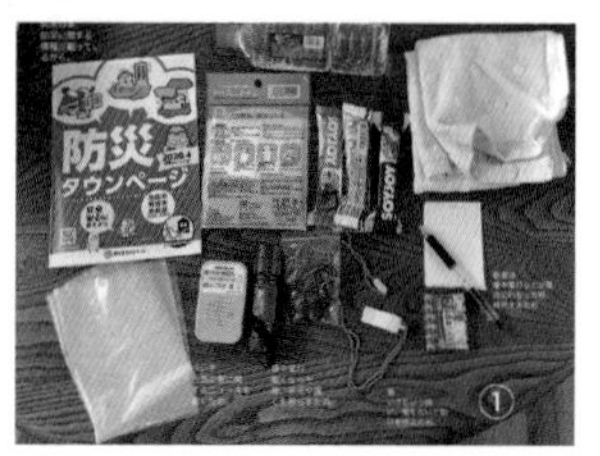

去年に準備した防災リュック

今年１月５日（約10か月前）に準備した防災グッズ。中身は、ミネラルウォーター、携帯トイレ、食料、タオル、ホイッスル、ラジオ、懐中電灯、イヤホン。映っていませんが、服もあります。

ところが、確認してみると問題がたくさんありました。

１つ目。ミネラルウォーターです。ぱっと見はなんの変哲もないのですが、よくよく見ると問題があるのです。そう、賞味期限です。賞味期限は2023年10月。今は2023年10月ですから（執筆時点）、もうほとんど賞味期限が切れかけていました。

食べ物が全滅していた！

２つ目。黒いマットが敷かれている写真を見てください。これは10か月前に用意した防災グッズの中身を全て開けてみたものです。中に、ミネラルウォーター、チョコレート、ドライフルーツスティックがあります。

実はこれ全部、賞味期限が切れていたんです！ スティックは2023年の８月まで、チョコレートは７月まで、ミネラルウォーターは８月まででした。防災グッズの中にある食べ物の賞味期間が全滅していたのです。とてももったいないですよね。

そして３つ目。服に換えがないことに気付きました。救助隊が水を持って来てくれるのは約４日目の朝と言われています。洗濯するにしても１つの服だけでは足りません。３日分持って行かないといけません。また、小さな子どもはサイズが変化するので、常にその時のサイズに適した服を入れておくということが大切です。

気を付けるポイント

気を付けておかないといけないポイントがいくつもあると気がついたので下に載せておきました。

①食べ物の賞味期限を気にする。もし近づいてきていたら食べる（普段から防災食に慣れるため）

②服のサイズを常にチェックする。

③３日分のものを全て用意しておく。

これらのことは本当に大切だと思います！

1日で必要とする水、カロリー

１日に必要な水を計算してみました。

健康な成人は体重１kg に対して約35mL 必要です。つまり、大人の女性は1680mL くらい、男性は2100mL くらい必要です。

それから、１日に摂らないといけないカロリーを計算してみました（図表参照）。10歳から12歳くらいまでは、大体1225㎉くらいが目安だそうです。赤ちゃんの場合は１日にだいたい100㎉。３日分でしたらこの３倍になります。

きちんと３日分の食料を計算して防災バッグに、入れましょう。

（周藤 詩苑）

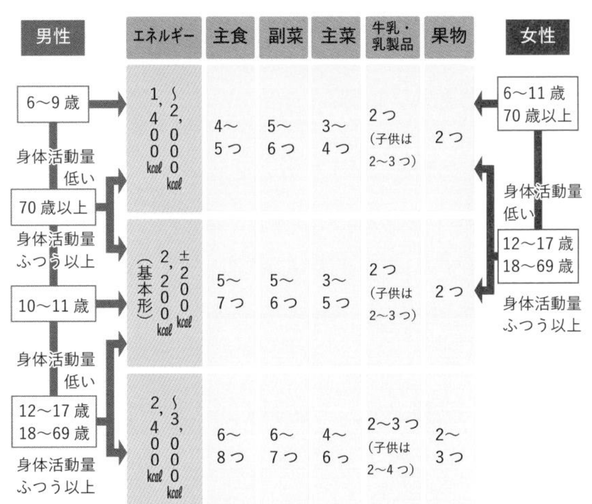

男性	エネルギー	主食	副菜	主菜	牛乳・乳製品	果物	女性
6～9歳 身体活動量低い 70歳以上	1,400～2,000㎉	4～5つ	5～6つ	3～4つ	2つ（子供は2～3つ）	2つ	6～11歳 70歳以上 身体活動量低い 12～17歳 18～69歳
70歳以上 身体活動量ふつう以上 10～11歳 身体活動量低い 12～17歳 18～69歳	2,200±200㎉（基本形）	5～7つ	5～6つ	3～5つ	2つ（子供は2～3つ）	2つ	12～17歳 18～69歳 身体活動量ふつう以上
12～17歳 18～69歳 身体活動量ふつう以上	2,400～3,000㎉	6～8つ	6～7つ	4～6つ	2～3つ（子供は2～4つ）	2～3つ	

農林水産省 https://www.maff.go.jp/j/syokuiku/zissen_navi/balance/required.html より

防災バッグを準備してみた！

防災バッグとは

防災バッグとは、避難場所や避難所に避難した時に、最低限の生活を送るために必要なものを集めたバッグのことをいいます。みなさんは、防災バッグを準備していますか？私の家では母がしてくれていました。ですが、今回は家族全員で防災バッグを準備しました。

防災バッグは避難するまでの危ない道で落下物から頭を守ってくれます。もし、防災バッグなしで避難場所や避難所に避難したら？食料などの寄付はありますが、数は限られているため、食料がなく、お腹が空いてしまいます。また、何もない状態だと家族との連絡が取れなかったり、現在自分の周りがどのような状況になっているのかなどを把握したりすることができません。そうならないために、防災バッグを準備しておきましょう。

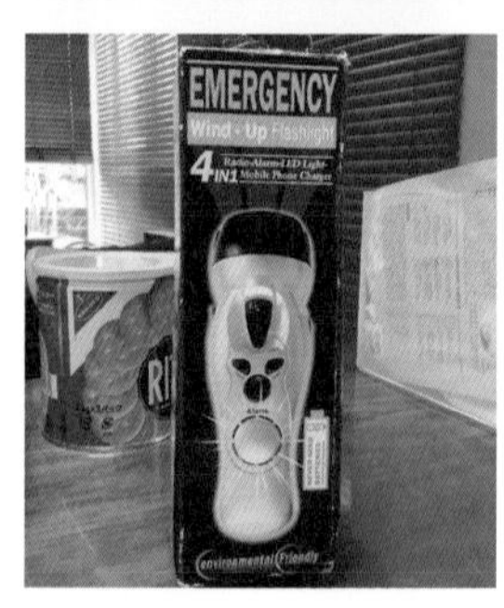

準備物の確認

防災バッグを準備することは大切だけど何を入れたらいいのかわからず、「また今度」と後回しにしている人はいませんか？

私の家では防災バッグに次のようなものを入れました。

まず、飲料（水）・食料（非常食）・懐中電灯・防災用ヘルメット・衣類・携帯ラジオ・充電器・救急用品・歯ブラシ・硬めの靴などです。

夏の場合には半袖の服や冷感グッズがあるとい

いです。冬の場合には、寒い時のためのカイロや毛布、衣類などがあるといいです。

食料は、1年に1回程度、賞味期限や消費期限などを確認し、買い、備え続けることが大切です。

防災バッグを準備して安全に！

防災バッグを準備するのは、時間がかかり面倒くさそうなので、嫌だなと思っていました。しかし、やってみると意外と簡単にでき、食料や備品を買いに行くのも家族のためになると考えると、楽しく感じました。

防災バッグを準備していると、必要でも重くなってしまい、避難が素早くできないので、重さをできるだけ軽くしたり、家族３人分の防災バッグを準備したりして、分担しました。

防災バッグを準備してからは家の防災に対する関心が高まったことを実感しました。また、地震が起きて、火災などが起きた場合、隣の家や近所に火が回ってマスクが必要になることも考えました。

防災バッグを置く場所や、入れたものの確認、地震が起こった時にどこに集合するか、家に何を置くかなども家族みんなで考えて話し合い、防災バッグをどこに置いていると避難するときに安全に素早く持っていけるのかを考えました。※

防災バッグを毎年チェックして、いつ地震が起きても避難後、苦労せずに避難生活を送れるようにこれからも対策していきたいです。

（福本 悠）

※避難の際、本来走る必要はありません。

100円ショップで防災グッズを揃えてみた！

100円ショップにはどんな防災グッズがあるのか

・給水系グッズ
　ウォータータンク、非常用給水バッグ、バケツ
・電気系グッズ
　懐中電灯、非常用簡易ライト、充電専用ケーブル、電池
・家具安定グッズ
　キャストストッパー、開き戸安全ロック、グル両面テープ、耐震マット、クッションスポンジ、家具安定板衝撃吸収パッド、クッションゴム
・シェルター・ブランケット
　エマージェンシーシェルター、緊急簡易ブランケット保温アルミポンチョ
・消耗品系
　食品用ラップフィルム、絆創膏、ペーパープレート除菌シート、マスク、携帯用ミニトイレ、ポリ袋

この中で一番必要だと思った物で防災グッズを揃えてみた

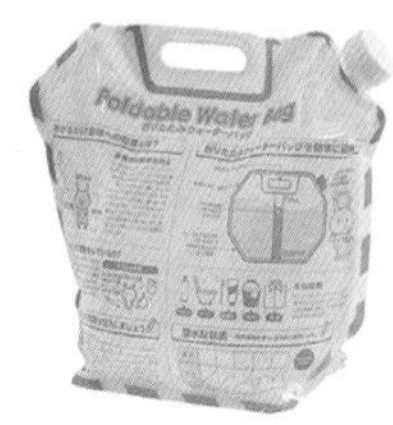

ウォータータンク

緊急簡易
ブランケット

除菌シート

中身が見えない
ポリ袋

なぜこの4種類にしたか

・**ウォータータンク**

水などを補充する時、何もないよりもウォータータンクがあった方が貯蓄もできるしいいと思ったから。

・**緊急簡易ブランケット**

災害が起こった時、季節が冬など寒い時だったら服だけでは寒いと思ったから。

・**除菌シート**

もしも水がなかったら、手を綺麗にできるのは、除菌シートです。水道水がある場所は限られているけれど除菌シートはいつでも取り出して使うことができるから。

・**中身が見えないポリ袋**

中身が見えていたらプライバシーなどもあるし、他人に見せたら変だと思われる物も入っているかも知れないので、普通のポリ袋ではなく中身が見えないポリ袋のほうがいいから。

今まで100円台で買える防災グッズなんてないよね、と思っていたけれど実際に調べてみるとこんなにも100円台で買える防災グッズがあって、やっぱり調べたり見たりしないと本当のことはわからないなと思いました。

上記を全て合わせたら910円。910円お金を出せば何もない避難生活よりももっと改善されるのはいいなと思いました。

（本田 理貴）

防災グッズを買って終わりにせずに、使い勝手を試してみよう。使い慣れておけば、いざというとき安心です。また、防災グッズの中には時間が経つと劣化するものもあります。定期的に入れ替えるなどしておくとよいでしょう。　（近藤 誠司）

阪神・淡路大震災の体験談①（母の話）

●当時大学生だった母は、神戸市中央区のマンションに住んでいました。

地震当日の午前5時46分、明け方でまだベッドで寝ている時、突然「ドーン」と突き上げるような衝撃で目を覚まし、その後長い横揺れが続きました。目を覚ますと、ベッドで横になったまま揺れがおさまるまでじっとしていました（とても動ける状態ではなかった）。

夜明け前、部屋の中も真っ暗で、小さめの家具やその他細かいものがバラバラと床に落ちる音が聞こえました。横揺れが始まってすぐに停電（その後、2～3時間ほどで電気は復旧。水道も止まったけれど、当日夜には復旧。ガスは復旧まで３か月かかりました）。揺れがおさまった後すぐに窓から外を見たけれど風景にあまり変化はないように思え（暗いこともあったので）、電気がつかない真っ暗な中で片付けもできず、どうしようかと思っていると、隣の部屋から学校の同級生の泣き声がしました。外に出てベランダ越しに隣の子と少し話をして、お互いの無事を確認。

午前8時頃に、愛知県に住む母（私から見て祖母）から、「やっと、つながった！」と電話が来る。母は自宅の固定電話と携帯電話で、30分ほどずっとかけ続け、やっとつながったそうです。母に言われてその時初めてテレビをつけ（その時、電気は復旧済み）、ニュースで三宮の惨状を見て、とても驚きました。いつもより少し大きめの地震程度に思っていたので。

●一日中ヘリコプターの飛ぶ音が

朝、明るくなり、災害に対する備えを全くしていなかったので、とりあえず食料と水を買いに行こうとコンビニに行くと、シャッターが閉まっていました。もう一軒別のコンビニに行くと、その店は営業していたけれど、店の前には長い行列ができていました。並んで中に入ると、購入できる食べ物はお菓子とジュースが少ししか残っていませんでした。住んでいたマンションの前と後ろの道路で地中のガス管が破裂したようで、その辺り一帯がガス臭く、いつガスに引火して爆発するかと思うと、すごく怖かったのを覚えています。また、一日中テレビ局のヘリコプターの飛ぶ音が聞こえていました。テレビのニュースを見ていると、長田区の火事が時間を追うごとにどんどん広がり、このあたりまで燃えるんじゃないかと、それもとても怖かったです。

次の日の夜(1月18日)、愛知県から両親が神戸まで来てくれました。東の方は、阪急西宮北口までで電車が止まっており、西宮北口駅から徒歩5時間ほどかけて、夜になってやっと神戸市中央区まで辿り着いたそうです。道中(県外から来たと思われる人が)、普通の魚肉ソーセージを1本5000円で売っている人、そして、それを買う人も見たそうです。

翌19日の朝、両親と一緒に3人で中央区マンションから西宮北口駅に向けて出発。国道2号線沿いをひたすら歩きました。道中、自衛隊の車が避難する人を乗せていました。

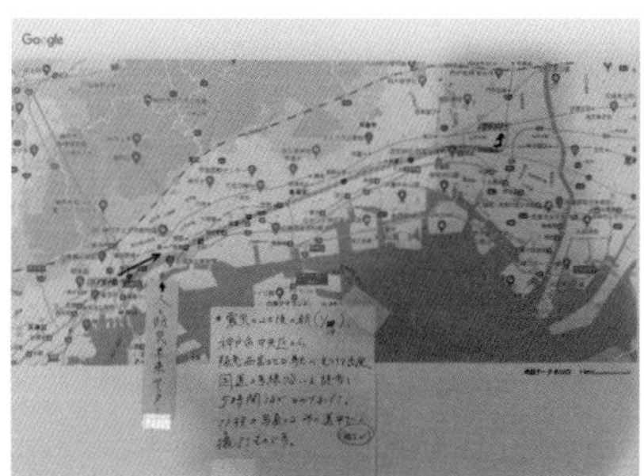

母の実家への避難ルート(ピンクの写真)「神戸は海側より地盤が硬いから」とのことで、山側に立つ建物は地震でも崩れずに割に残っているのが印象だったそうです。

地震前はどんな建物だったのか想像がつきません…。
(建物などが崩れている2枚の写真は避難中に祖父が撮った11枚の写真から選びました)。

(掛谷 莉央)

阪神・淡路大震災の体験談②（母にインタビュー）

お母さんはとにかく寒かったこととお腹が減ったと言っていました。

ぼくは5つの質問をしました。

①地震が起きた時はどうだった？

②避難所まではどうした？

③避難所生活はどうだった？

④防災バックは用意した？

⑤自分が地震を体験して印象に残ったことは？

一番心に残った答が質問①と②と⑤の回答です。

①の回答「家がすごく左右に揺れてベッドが右にすごくズレた」。

そんなにも揺れたってことがわかりました。

次に②の回答が「お兄ちゃんとお母さんと頭を守りながら歩いていて地面がガタガタで車が横になっていた」。

そんなに地面がガタガタになっていたとは、とってもびっくりしました。

最後に5つ目の回答では、「地震が起きて、真横にタンスが倒れてきてガラスが割れて机に置いている物が全部落ちて小さいテレビが落ちて、部屋に小さい穴が空いた」と言っていました。

タンスが真横に倒れてきたりガラスが割れたりするぐらいの揺れがあったなんて、絶対怖いと思いました。

お母さんの話を聞いて、絶対的に地震を甘く見てはいけないということがよくわかりました。「生きられる」って言っている人ほど死にます。お母さんは「**自分の命は自分で守る**」と言っていました。本当にその通りです。タンスを固定するとか、机の上に物を置かないとか、自分ができることをしていったら自分の命は自分で守れると思います。これからも自分の命は自分で守らないとダメということがわかりました。

（北村 大地）

2 作ってみよう 防災グッズ

「防災グッズ」といっても、何か特別な性能を備えていなければならない、というわけではありません。むしろ、いつでもどこでも手に入る身近なものを、様々なアイデアで上手く活用することが大切です。また、防災グッズの作り方を「知っている」だけでなく、実際に「作ってみる」という経験は、実際に必要となった時に役立ちます。日頃から様々なアイデアを考えるようにして、実際に試してみましょう。

身近にあるものでも、不適切な使い方をする(塩素系洗剤と酸性洗剤を混ぜる、など)ことによって、思わぬ危険につながってしまうこともあります。身近にあるものの性質について、予め知っておくことも大切です。

(中村 隆宏)

防災用リュックを作ってみた！

地震だけが自然災害じゃない

皆さんは地震だけが危険な自然災害だと思いこんでいませんか。今までも地震のことを考えて説明しているページが多いですが噴火や豪雨も自然災害です。このページでは地震以外も対応できる防災リュックの作り方を説明します。

火山の噴火

火山灰にも耐えられる傘が東京で売られています。避難中に雨が降ってきた時にも使えるのでぜひリュックのポケットのところに差してみてください。また、そのような特別な傘は持ってない人には右の写真のような普通の傘でも冷えきった火山灰なら耐えることができます。

普通の傘

豪雨や台風

豪雨や台風の時には傘は使い物になりません。強風にあおられ、傘は裏返り最悪の場合壊れてしまいます。しかし雨の中、傘を刺さずに寒さが厳しい中を歩いたり走ったりすると風邪になりやすくなってしまいます。なので傘ではなく、雨ガッパを防災リュックに入れておくことをお勧めします。また折りたたみ傘も入れておくともっと良くなります。

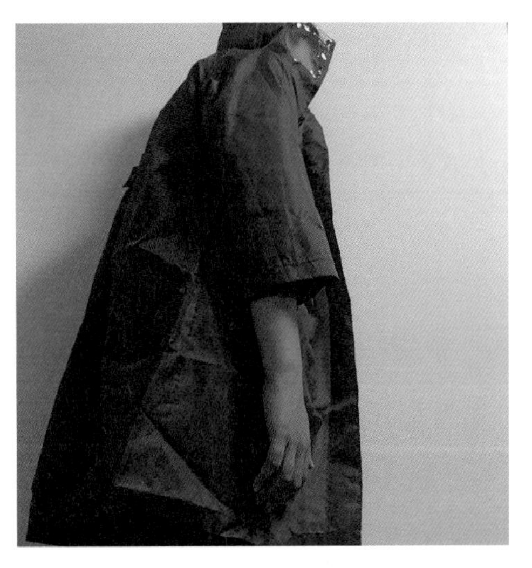

地震対策も忘れずに

また、火山対策用の物や台風対策用の物をいっぱい入れてしまうと地震の対策道具や非常食、避難所での生活物を入れるスペースがなくなることもあります。そうなってしまうと本末転倒なので地震の対策道具も入れておくべきです。また、今まで紹介してきたものと避難所内で過ごすときに必要なものを入れると大きくなり過ぎる可能性があります。そのような時は自分でアレンジをして、容量を減らしてみてください。

（山﨑 要）

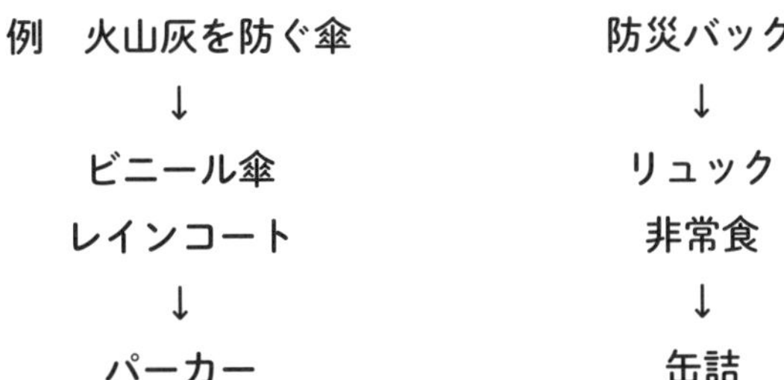

自分が住んでいる地域でどんな災害が起こるのか調べてみましょう。市町村のホームページでも確認できます。（菅 磨志保）

防災リュックを背負って走ってみた！※

予想以上に重い！

５年生の時にやった防災フェスタのイベントで実際に防災リュックに必要な物を入れて走ってみました。

防災リュックはたいてい、男性は15kg、女性は10kg とされています。でも、実際に必要なものを入れるとかなりたくさん入れてしまって入りきらなくなったり持ち歩けなくなったりするかもしれません。

そこで、イベントに来てもらった人に実際に必要なものを詰めて背負って走ってみる体験をしてもらいました。私たちもやってみました。

その結果、予想を超える重さでその防災グッズを背負って走ることは不可能だと思いました。イベントに来てくれた人たちにアンケートをとると「予想以上に重くなった」「ちゃんと考えて入れないといけないと思った」という声がたくさんありました。重い防災リュックを背負って避難場所や避難所に行くのはかなり厳しくなります。

ちゃんと考えて防災グッズを詰めて走ってみよう！

防災イベントで学習したように防災グッズを詰めると予想以上に重くなります。ということは、重さもちゃんと考えて必要なものを入れていかないといけません。最高でも10kg～15kg 以内がベストです。

重さも考えなければなり

ませんが、水９Ｌと食料は必ず入れたいところです。

水と食料以外にもたくさん入れる物があります。汚れた時の服の換え、怪我した時の救急セット、夜も使えるライトにライトの電池、携帯バッテリーなど、数々の防災グッズが必要です。

最近では、軽くて容量の多いバッテリーや長時間使えるライトなどが作られてきています。

そして、一番重要なことはその防災グッズをたくさん詰めた防災リュックを持って走ることができるかということです。防災バッグを用意して準備バッチリ！ ではなく、実際に避難所まで持ち歩けるのか試してみないといけません。

避難の時は必ずしも走らなくてよいのですが、短時間で重さを確かめることができるので、私も、家にある防災リュックを背負って走ってみました。すると、かなり重く感じたので、中身を減らすようになりました。

防災リュックがあるからといって安心するわけではなく、実際にその防災リュックを背負って行けるか試してみてください。人それぞれによってもうちょっと増やしたり減らしたりするかもしれません。それから、もっといい防災グッズを買いに行くのもいいかもしれません。

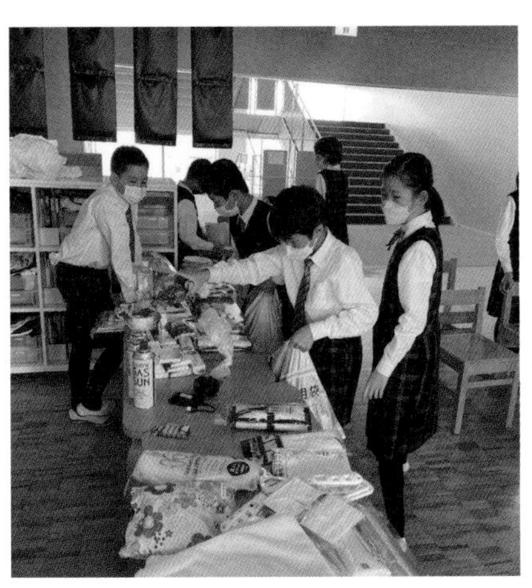

（渡邉 花音）

※避難の際、本来走る必要はありません。

身近なもので作れる扇風機を作ってみた！

扇風機作ろうと思ったきっかけ

夏に地震が起きて避難した時に冷房が効かないと、避難所内で暑くて熱中症になってしまうことがあります。そこで涼しく過ごせるように、身近な物でも簡単に作れる扇風機を作ろうと思いました。

用意する物

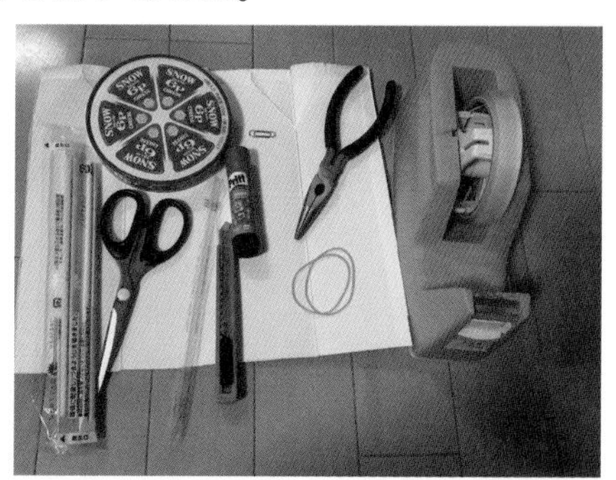

・牛乳パック（1000mL）1個、「6Pチーズ」（ふた）1個、輪ゴム2個、ストロー1本、割り箸2本、ビーズ1個、セロハンテープ、カッター、ハサミ、ペンチ、接着剤

作り方

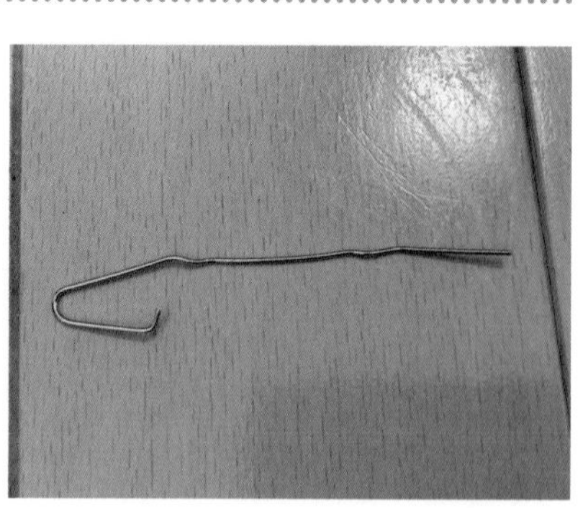

❶「6Pチーズ」の蓋のふちを取り、6箇所の隙間を切り、中心に穴を空けます。
❷牛乳パックの屋根の部分と底の部分を切ります。2cmの円を切り抜き、切り抜いた片方の中心の丸だけ穴を空けます。
❸クリップは、ペンチで伸ばして半分くらいに切ります。ストローは、8cmのながさに切ります。割りばしは、片方を4cmに切り、はさみで真ん中あたりに切り込みを入れます。
❹片方のクリップは右のように曲げます。もう片方には、穴のあいている

❷の丸・ビーズ・はねを通します。

❺はねに通したクリップの先を直角に曲げ、セロハンテープで固定したら穴のあいていない❷の丸を接着剤でつけます。

❻はねと反対側のクリップの先に輪ゴムをひっかけます。次に、糸などで輪ゴムをひっぱって、ストローのなかを通します。

❼ストローにゴムを通したら、❸で切り取った割りばしをゴムに通し、ひっかけます。

❽❻で作った扇風機のストロー部分に、柄となる割りばしをセロハンテープで固定します。

❾はねに一つずつ曲線をつけます。

扇風機を作り終えて

扇風機を作り終えて、実際使ってみると、少し回すところが小さくて回しにくかったけれど使いやすく、涼しかったです。扇風機は簡単に作れることがわかりました。夏に地震が起きて、避難しても熱中症などにならないように扇風機で涼んで、過ごせると思いました。

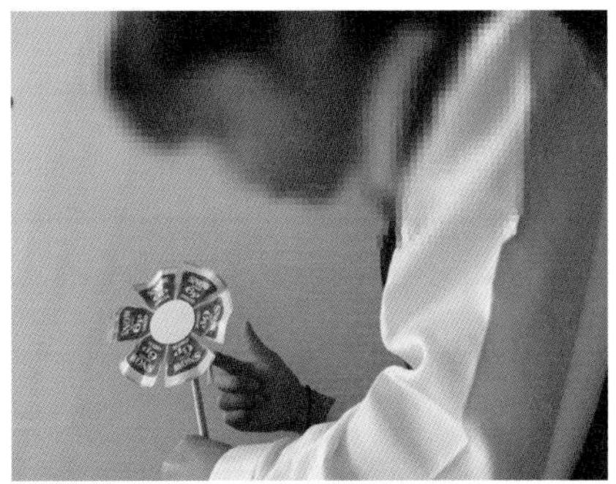

（後藤 咲妃）

身近なもので明かりを作ってみた！

ツナ缶の油でランプ

我が家に常備されているツナ缶ですが、停電時にはランプにもなり、非常食にもなると聞いたことがあったので、本当に使えるのか試してみました。まずツナ缶ランプの作り方を調べてみました。すでに「防災ニッポン」というサイトに、実際に作ってみた記事がありました（https://www.bosai.yomiuri.co.jp/article/1105）。しかし、ここに紹介されているやり方だと、中身（ツナ）が入ったまま火をつけなければならず、その後食べるのはちょっと抵抗があること（非常時にはそんなこと気にしてられないかもしれませんが）、また、缶切り等で上手に（中身が無事なまま）ちょうどよい穴をあけるのが難しそうであることから、ちょっとアレンジして簡単に挑戦してみました。

準備するもの

ツナ缶、空き瓶、ティッシュ、ライター（＋ハサミ）（万一に備え、水、防火布）

簡単にした作り方

①ツナ缶をタブを使って開け、油をきる。油は空き瓶に注ぐ。（油の重さを量ると32gだった）

②ティッシュを半分に切り、こより（白い紙紐のこと）のように細長くする。

③②のティッシュを①の瓶に入れ、油からティッシュの先端を出す。
④③のティッシュの先端に火をつける。

いざ点火

ティッシュの先端が炭化し、少し黒い煙が出る13分ほどついていましたが、炎の大きさが安定せず、火が消えました。この時の油の重さを調べると1g 減っていました。

実際にやってみて

においは、炭素が燃焼している独特のにおいがします。魚臭いにおいはあまりせず、ティッシュが燃焼しているにおいの方が強いです。明るさは最大でもロウソク程度で１個だけではそれほど明るいとはいえません。理論上は５時間ほどもちそうですが、実際には安定して燃焼せず火が消えます。

つまり ...

実際の災害の場面では懐中電灯を準備しておいたほうが安全で手軽！
ツナ缶は非常食として準備する！

（稲谷 龍哉）

ツナ缶の上部に工具で穴をあけて、そのままランプにすると、ツナが香ばしく食べられます。安定した環境であれば１時間くらい点灯します。なお、ツナ缶ランプを試してみるときは、火事を起こしたりけがをしたりしないように注意しましょう。　（近藤 誠司）

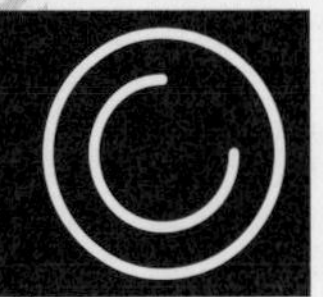

紙皿にラップフィルムを使ってみた！

いつ断水するかわからない

この紙皿とラップフィルムを使って何をしようとしたかというと、もし断水して皿などが洗えない時に洗わなくても何度でも使える皿を作ろうとしました。「紙皿でいいじゃん」と思うかもしれません。ですが、もし紙皿がない、あるいはほとんどない場合はとても大変です。そのため何度でも使える紙皿にしようと思いました。

これを読んでいる「今」にも、南海トラフ地震が起きて家が断水するかもしれません。いつ断水になっても大丈夫なように、備えていなければいけないと思いました。そこで、実際にやってみることにしました。

実際にやってみた

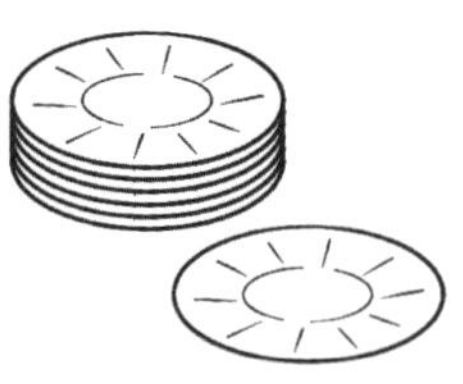

目玉焼きなどを食べている時に剥がれないようにしっかりつけておくほうがよいです。なぜなら、食べている時に剥がれて汚れてしまうこともあるからです。もし、熱い食べ物（シチュー・カレーなど）を食べるときは、ラップフィルムが溶けてしまうことがあるので、アルミホイルなど耐熱性のあるものにしたらよいなど、アレンジもしたら便利だと思いました。

作り方

①紙皿・ラップフィルムなどを用意します。

②紙皿にラップフィルムなどを貼ります。できる限り剥がれないようにし

たら便利だと思いました。

③ご飯を乗せて完成！

メリット・デメリット

メリットは、意外と作るのは簡単だったところです。これだと作る時間も減らすことができるから、とても便利だと思いました。また、コストもかなり少なく準備しやすいです。

デメリットは、普通の皿より紙皿は曲がりやすいし、皿だけでなく箸などの食器をラップフィルムで包むのは持つことが難しいなどのデメリットもあることがわかりました。

これは使いにくいけれど、災害時にこの方法を知らずに、不衛生なまま食べるよりはよっぽどよいから、ぜひ試してみてください。

（新宅 誉大）

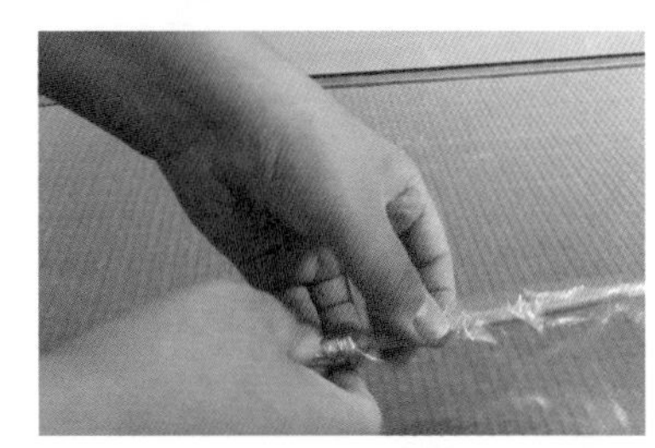

ペットボトル湯たんぽを作ってみた！

ペットボトル湯たんぽを作ろうと思ったきっかけ

寒い日に災害が起こってしまうと、電気やガスも使えなくなり、上に羽織る物を持っていこうとすると、リュックがかさばってしまうと思ったからです。ちなみに、ペットボトル湯たんぽはそのまま飲み水としても使えるので、警視庁がお勧めしています（https://j-town.net/2018/12/12269244.html?p=all）。

必要な物

バケツ等の容器、水道水と沸騰させたお湯、ペットボトル、数枚のタオル

作り方

1. **バケツ等の容器に水道水と沸騰させたお湯を同量ずつ入れる。**
2. **人肌より少し熱く感じるくらいの温度そのお湯をペットボトルの半分位まで入れて、数枚のタオルで周りを覆う。**

作ってみた結果

普通の湯たんぽと同じように使えると思うのでいいと思いました。寒い日には必要な物が揃っていたら、簡単に温まることができると思いました。

クッション、湯たんぽ以外に簡単に作れる防災グッズ

調べてみると、他にも段ボール、ビニール袋、新聞紙だけで作れる簡易トイレや、クッションなど、身の回りの物を使って生活するために必要な物をたくさん作れることがわかりました。

（大谷 優結）

より少ない水で洗えるペットボトルシャワーを作ってみた！

台風、大雨、地震などの大きな自然災害が発生すると、断水や停電などライフラインが停止してしまうことがあります。そのような時、ペットボトルを使えば、手を洗ったり、髪を洗ったりすることが可能です。

災害時でも、手指の清潔を守るのは、とても大事なことです。手を洗わなければ、広範囲にウイルスが付着してしまいます。しかし、充分に水が使えない時、どうしたらよいのでしょうか？そこで、私はペットボトルシャワーを2種類作り、どちらが少ない水で洗えるかを検証してみました。

タイプA（穴を数箇所開けるタイプ）

必要な物（タイプBも同様）

ペットボトル（何mLでも可）、尖った物（キリ・ドライバーなど）、キャップ

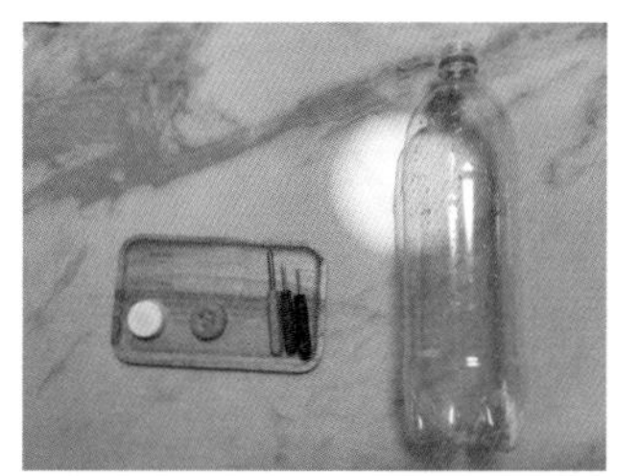

作り方

1. 穴を数箇所開ける

2. ペットボトルに水を入れる

手を洗ってみよう！

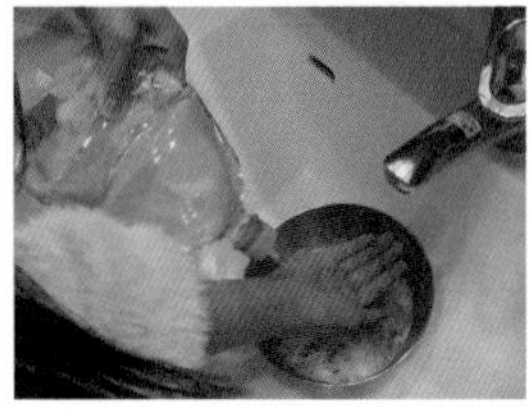

タイプ B(一つ穴を開けるタイプ)

作り方

1. ペットボトルの下のほうに穴を開ける

2. 穴を閉じたまま水を入れ閉める

手を洗ってみよう！

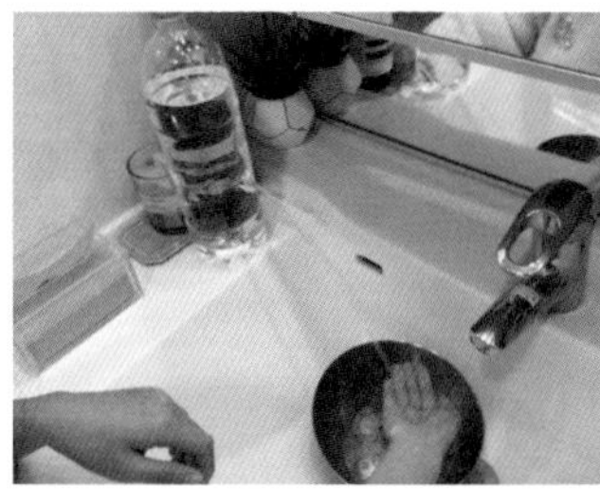

タイプ A とタイプ B の水の使用量

タイプ A

結果・作ってみた感想

タイプ A は約300mL、タイプ B は約200mL で約100mL 差がありました。このことから、タイプ B の方が水の使用量が少ないことがわかります。

タイプ A は、手をしっかりきれいに洗えました。しかし、たくさん水を使ってしまったので少しずつ使うのがよいと思います。本当にシャワーを浴びている感じがしました。簡単に作れるので災害時に役立ちそうです。

タイプ B は、蓋を開けると水が出て閉めると止まるタイプなので、防災バッグに入れておくととてもよいと思いました。

これがあれば、手をきれいに洗うことができて、使用量も少ないので、水が充分に使えない時よいと思います。水の勢いが強くすぐ洗うことができるので、私は、タイプ B をおすすめします。皆さんもやってみてはいかがでしょうか。

（橋本 唯花）

災害時に役立つアルミホイルについて調べてみた！

アルミホイルは日常生活によく使われるものですが、アルミは日常生活だけでなく災害時の生活にも役立つので、代表的な機能を調べてみました。

光を遮断する能力と保温する能力

夏に災害が起きると避難所はとても暑くなり熱中症になる人がでるかもしれません。その時に役立つのがアルミホイルの光を遮断する機能です。窓カバーなどにも使われていて室内の温度を一定にしてくれます。アルミを使えば夏の災害時にも使えます。さらにアルミは保温性もあって冬に災害が起きても温まることができるので季節に関係なくとても便利です。アルミは水を使わずに料理をすることができるので、災害時に貴重な水を使わずに料理ができてとても便利です。

とても軽い

アルミはとても軽い素材です。写真は大きいアルミ1枚と新聞紙1枚の重さを測った時の写真です。見ての通り、新聞紙が109g の所アルミはなんと54g なのです。避難するときカバンが軽い方が避難しやすいと思うのでアルミはとても防災グッズとして向いているとわかります。

アルミホイルを防災バックに入れて欲しい

このようにすごいアルミホイルも災害時に使わないと意味がないので、まだいいやとは思わずいつ来るかわからない災害について備えて欲しいです。写真に載っているアルミは100円ショップで売られているのでとても安く手に入ります。ぜひ防災バッグに入れてみてください。　**（小崎 幹直）**

アルミシートで暖まってみよう！

真冬の避難所の寒さ

1995年１月７日、阪神・淡路大震災。地震発生の前日には、最低気温が神戸で0.9度とこの冬一番の冷え込みでした。しかし、多くの避難所では、火災の恐れや電気容量の問題から暖房器具などが使えなかったそうです。

アルミシート

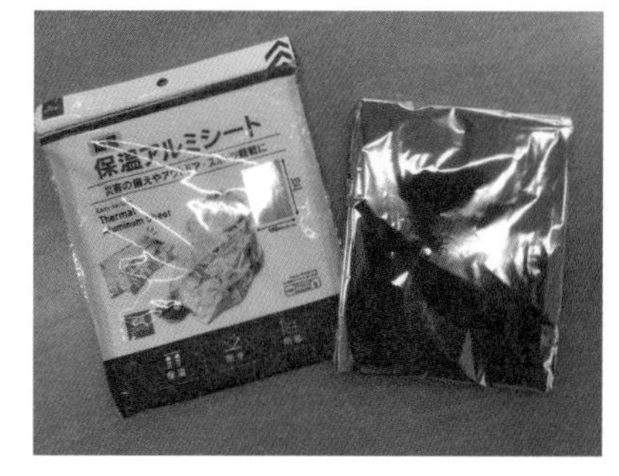

最近は、暖を取るための防災グッズとして、アルミシートというものがあります。「アルミシートで本当に暖かくなるのでしょうか。毛布や新聞紙ではダメなのでしょうか？」

アルミシートは、物体から放出される熱（輻射熱）を反射する性質があります。身体にアルミを巻くと、身体から放出された熱をアルミが反射し、熱を中に閉じ込めることで体温の低下を抑えることができるのです。さらに、アルミシートは、一枚分54g。それと同じ大きさの新聞紙は109gもあります。毛布となるとさらに重くなるでしょう。

避難するときに、身軽で行くには、一番軽く、保温性がある、アルミシートがおすすめです。

実際にやってみた！

私たちは、とても寒い中外に出て、実際にやってみました。アルミシートと同じ大きさの新聞紙を、隙間なくガムテープで貼り、どちらが暖かかったか比べてみました。結果は、アルミシートの方が、暖かかったです。新聞紙でもよいけれど、重いし、持ち運びが大変。それに比べ、アルミシートは、柔らかくて、体の形に合い、きれいにたたむとB5判のノートほどのサイズにまでなるのでよかったです。

風がすごかったので、ずっと手で持っておくのは、少し大変でした。真ん中に、穴を開けて『スポッ』と被れるようスナップボタンをつけてみるなどをすると便利かもしれません。

1人でアルミシートに包まるよりも、友だち2人で包まると、早く暖かくなりました。

（西平 桜）

※暖をとるためには、ホッ カイロも役に立ちますね。

簡単に作れる防災グッズ①
新聞紙スリッパ

避難所では土足禁止。避難所で履くものがないと危ないものを踏んだり、冬は寒くて大変。新聞紙スリッパを知っておけば安全に道を歩くことや指先保温ができます！

用意する物

新聞紙×6・ハサミ（失敗した時のために、テープもあればよい）

作り方

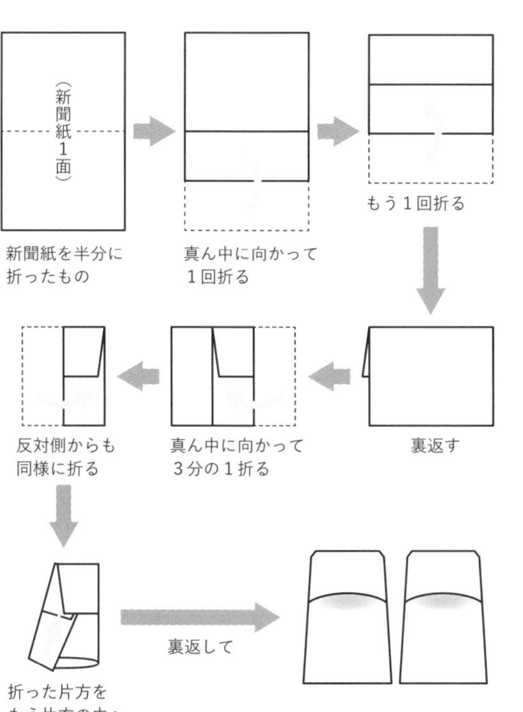

これをもう一度作る。丈夫にしたいなら、2～3枚と重ねるとよい。
https://mazu-jibu.com/post-8185-3-2-17-5-22/
より

完成

おすすめ

普通の新聞紙だと大きすぎるので、小さめの新聞紙でやるのがおすすめです。

感想

思っていたより大きくできたので、小さめの新聞紙でやるとピッタリになりました。

履いていると周りがぐしゃぐしゃになってくるので、何回も重ねると丈夫になり、歩きやすかったです。

滑りやすいので、普通のスリッパよりは危ないと思います。

１分くらいでできてとても簡単だったので、誰でもやり方を覚えていればできると思いました。

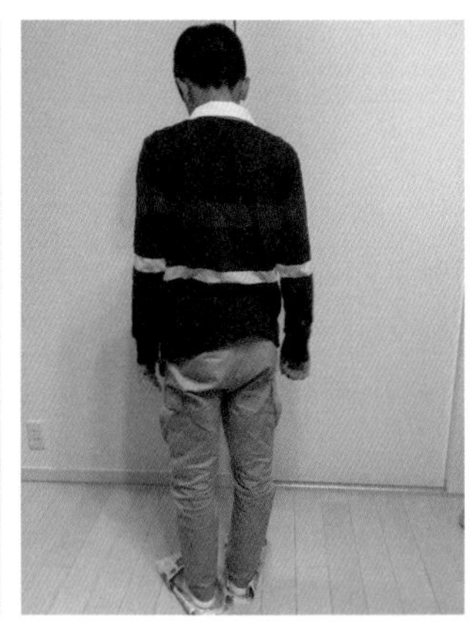

（松永 遥斗）

身近なもので、避難生活をどうカバーできるか、工夫のしどころです。水の無い生活ではラップフィルムも重宝します。（菅 磨志保）

簡単に作れる防災グッズ②
新聞紙でクッション

首都直下型地震では避難所に逃げようとしても、４人に１人しか避難できないとも言われます。避難できないと、外で生活するしかありません。外は地面が硬く腰や、足などが痛くなります。その時に簡単に作れるクッションがあればとても便利です。そこでクッションを作ってみました。

用意する物

新聞紙15枚、輪ゴム２つ、ゴミ袋１つ（ビニール袋でも可）

作り方

1. **新聞紙を１枚ずつ丸める**
2. **ビニール袋に詰める**
3. **ビニール袋の口を輪ゴムやテープで止める**

感想

10分ほどで完成し、詰めるだけでできるので、とても簡単だなと思いました。

とても耐久力があり、思いっきり押さえてもつぶれなかったので、体の大きな人でも長く使えると思いました。

クッションがあると、地べたに直接座るよりも柔らかくてお尻が痛くなりません。枕として使うにしても、地べたに寝転がるよりも寝やすかったです。

新聞紙50枚、75枚、100枚ではどう変わるのだろうか

50枚：使えるが…

　ちょっと固かったけれど、床に直接座るよりはこっちの方がいいと思いました。若干お尻が痛いです。

75枚：痛くはないが…

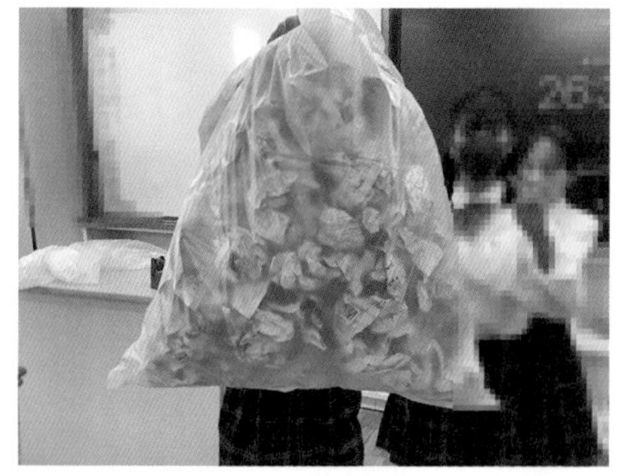

　ある程度空気が抜け、柔らかくなりました。

　しばらく放置すると元に戻っていて、何回も使えました。

100枚：1番使いやすかった

　本物のクッションみたいにとても柔らかいし、一番大きさがありました。

　子どもが３人座っても壊れず、１回作ればもう一度作らなくてよいと思いました。

　ただし、100枚分の新聞紙の重さなので、少し重く、持ち運びはしにくいです。

（松永 遥斗）

自分で防災グッズを作ってみた！

私は家族と防災グッズを準備しました。防災グッズは大きいものや、小さいものまで様々な形の防災グッズがあります。その時に、防災グッズで大きすぎてかさばる物がありました。かさばる物があると、必要な物が入いらなかったり、走る時に邪魔になったりしてしまうと思います。

そこで、その代用としてコンパクトな手作りの防災グッズを作れるか、やってみることにしました。その材料だけ入れておけば、手軽に持ち運べるし、その時に応じて代用できると思ったので、作ってみることにしました。

かさばるもの

かさばるものが何かを書き出してみることにしました。・スリッパ・レインコート・お皿・毛布・クッション（枕）・衣服など。このようにかさばる物がたくさんありました。

ですが、これらはほとんどが必要なものです。そこで自分で、かさばらないように工夫して、防災グッズを作ってみようと思いました。

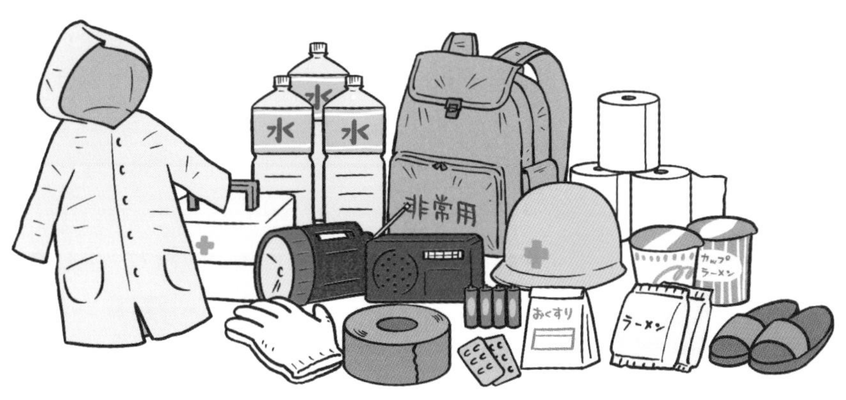

実際に作ってみよう！

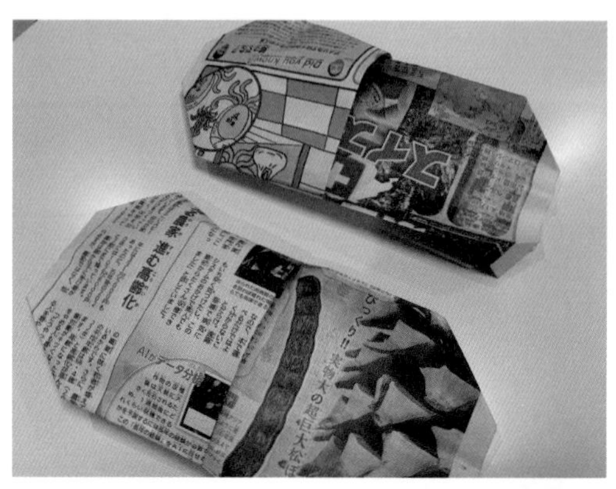

①まずはスリッパから作りました。スリッパは意外と簡単に作ることができました。枕は、中に入れる素材を綿にしたら重くなってしまうので、どうするかを考えました。最終的には衣類もかさばってしまうので、衣類を利用して、衣類を入れる、もしくは紙をちぎって詰めたりしました。いつもの枕の方が柔らかいですが、案外寝心地がよかったです。毛布はアルミシートで代用しました。

②避難所はプライベートな空間がなく、ストレスが溜まりやすいです。次は、少しでもストレスが溜まりにくくなるためにぬいぐるみなどがあるといいと考えました。ですがぬいぐるみを防災バックの中に入れるととてもかさばるので入れられません。避難所で簡単な可愛いぬいぐるみを作れればストレス緩和に繋がる、と思いました。そして作り方を覚えておけば小さな子どもたちのためにもなると思いました。

まとめ

私は、実際に防災グッズを作ってみてスリッパを履いてみて、少し歩きにくかったので、今後も履きやすく、丈夫になるように試行錯誤していこうと思っています。

（藤川 花音）

防災グッズにランキングつけてみた！

役に立ちそうなランキング

5位：ラップフィルム

食べ物を載せる前にお皿などに敷いておくと、汚さず食べられるので水を使って洗う必要もなく、何回もお皿を使うことができます。

4位：非常4点セット

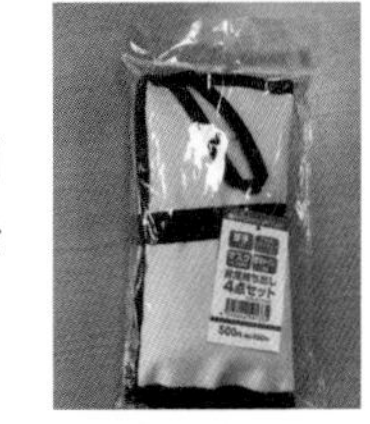

軍手（1双）・アルミブランケット・マスク（3枚）・簡易トイレ（3個）が入っています。コンパクトで持ち運びが便利なため、災害時でも手軽に持っていくことができます。

3位：シャンプーシート

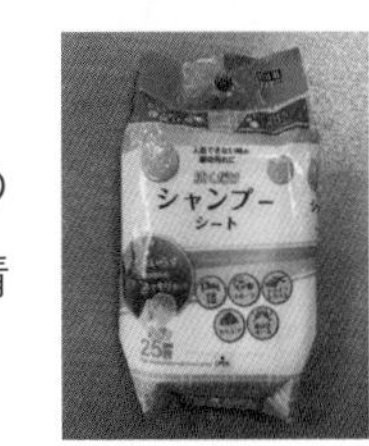

水がなくてもお風呂に入ったように汗を拭いたり、頭の汚れを取ったりすることができるので、災害時でも体を清潔に保てます。

2位：テント

避難所で簡単に組み立てることができるし、地面で過ごしたくない人はこのテントを広げて過ごすといいです。紐を引っ張るだけで簡単に組み立てることができます。

1位：保温アルミシート

コンパクトだし、軽いので災害時にはピッタリです。毛布やブランケットは場所をとりますがアルミシートは薄いので、場所をとることせず避難所に持っていけます。実際これにくるまってみると、毛布のように暖かいです。

（福島 みのり）

防災士からみる防災グッズの準備

初等部卒業生・防災士　坂本紫音さん

●防災グッズの重要性

被災時には、電気・ガス・上下水道等のライフラインが一時的に切断されることが予想されます。そのような状況下で、被災生活を過ごすために、防災グッズの存在は極めて重要です。ここでは、防災士の視点から、本当に必要な防災グッズの揃え方や、グッズを備える時に意識すべきことを紹介したいと思います。防災グッズを揃える際に、大事にして欲しい視点を２点挙げます。

●防災グッズはサバイバルグッズではない

まず、最初に「防災グッズはサバイバルグッズではない」ということです。地震などの災害時であっても、森の中などで生活するわけではありません。サバイバルナイフのように、使う際に高度な技術が必要であったり、子どもや高齢者の方にとっては危険性が懸念されるものもあります。そのため、避難用のグッズに使い慣れないサバイバルグッズばかりを揃えるのはおすすめしません。しかし、サバイバルグッズを普段から使い慣れている方は、被災生活に役立つグッズとして備えることに問題はないでしょう。

●防災グッズではなく、緊急用の生活用品という考え方にスイッチしよう

次に、「防災グッズではなく、緊急用の生活用品という考え方にスイッチしよう」です。防災グッズをインターネットや本で調べて、“おすすめされているからとりあえず買った”というようなグッズの揃え方はおすすめしません。夜間に地震があり、電気も使えない状況下で、使い方もよくわからないグッズを使うことは極めて難しいです。では、どのようにグッズを揃えればよいのでしょうか？それは、「普段使い慣れているものを、少し余分に購入して緊急時用として備えておく」「ライフラインがなくても使えるグッズを使えるようにしておく」ということです。使い慣れたグッズであれば、被災時でも安心して生活を続けることができるかもしれません。

●防災グッズのNG行為。そして備えは安心に！

防災グッズは、「在宅避難で使える備蓄用」と「避難所などに避難する際に使える持ち出し用」と2パターンに分けることができます。最大のNG行為は、持ち出し用にグッズを詰め込むあまり、重たい荷物を背負って避難し逃げ遅れるケースです。したがって、家の備蓄用に必要なグッズと避難先等で必要な持ち出し用のグッズは、分けて考える必要があります。できれば、普段持ち歩くカバンのなかにその日急に家に帰ることができなくなっても安心して過ごせるものをコンパクトに持ち歩く「0次の備え」をおすすめします。防災グッズの備えは、避難や被災中の生活を少しでも快適に過ごすために大変重要です。防災グッズのセットやキットを買って満足するのではなく、普段使い慣れているものや自分に必要なものをしっかりと整理して、備えることが大事です。モノの備えはココロの備え（安心）につながります！

3 食べてみよう 防災食・非常食

大規模な災害が発生したときは、電気・ガス・水道などのライフラインや物流が止まり、食料品などが入手困難になります。従って、防災食や非常食は重要な役割を担っています。

日頃から防災食や非常食を準備するだけでなく、賞味期限・消費期限が近いものを食べてみたり、お湯が使えない状態で調理してみるなど、非日常の食事を体験することは有益です。救援物資が届くまでの間、被災者が命をつなぎ、栄養バランスを維持して健康にすごすために重要だからです。

また、被災者の中には、高齢者や子ども、病気のため食事に制限がある人など、様々な方がいます。準備や調理も、そのような人にも対応できるように探求してみましょう。**（髙野 一彦）**

非常食を作って食べてみた！①

非常食とは

みなさんは非常食を知っていますか？非常食とは災害時などの非常事態により食料の確保が困難になることを想定して準備しておく食品のことです。非常食を防災バッグなどに入れておくことで、水やお湯など簡単なものだけでもご飯を食べることができます。

非常食を防災バッグなどに詰めるときは、栄養を考えて入れましょう。例えば、糖質は米や餅、雑穀、根茎類、果物などから得られます。次に、たんぱく質は基本的に肉・魚介類から摂ります。地震はいつ起こるのかわからないので、季節によって入れるものを考えたり栄養を考えたりしなければいけません。このように色々なことを考えて、避難生活での空腹や栄養不足に備えましょう。

実際に作ってみよう

今回は､非常食として販売されている｢きな粉餅｣を作ることにしました。

きな粉餅の基本的な作り方は、まず、中に入っているパックに水を入れます。そして、餅の元となる乾燥餅を水の中に重ならないように1分間ひたします。餅全体に水が浸み込んだら箸で餅をつかみ別皿に移すか、トレーの水を水切り口から捨てます。

きな粉を振りかけて食べました。やはり普段とは違う味でしたがおいしかったです。きな粉餅以外にも、あんこ餅、いそべ餅とたくさんの種類がありました。餅はもともと腹持ちがいいので、満腹になるとまではいかな

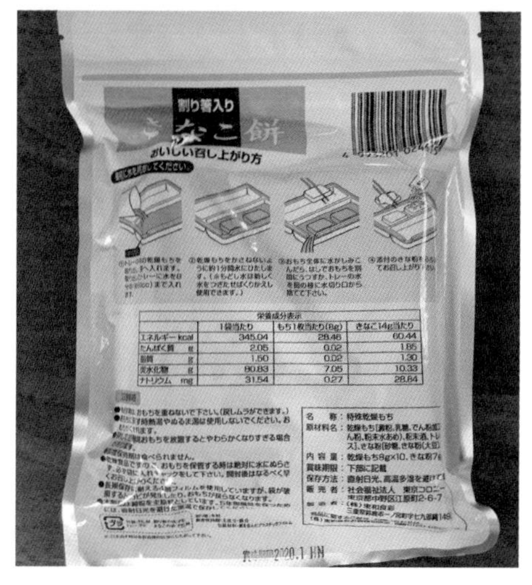

くても空腹をしのぐことができました。

餅ではなくお菓子などを食べることで、空腹をもっとしのげるのではないかなと思いました。しかし、栄養の管理も必要です。非常食のお菓子の例としては、ビスコやカンパンなどがあります。今回食べたきな粉餅には割り箸がついていたり、賞味期限5年と長持ちもしたり、色々な種類があって飽きないので防災バッグに入れる非常食にちょうどいいなと思いました。

ローリングストック

非常食には賞味期限や消費期限がもちろんあります。防災バッグに非常食を詰めたのはいいものの、賞味期限が切れてしまっていては意味がありません。だから、「ローリングストック」をすることが大事です。ローリングストックとは、日常食べているものを少し多めにストックして、災害時に食べられるようにしておくことです。同様に、食料や防災バッグの中身を定期的に確認し、期限の迫るものは消費して入れ替え、地震に日々備えることが大切です。また、非常食を作るにあたって、必要なものなども確認して、必要なものを防災バッグに詰めなければいけません。非常食の食べ方などを確認することで、避難所での非日常な食生活に備え、学ぶことができました。

（南 萌陽）

非常食を作って食べてみた②

もし、地震が起きて、停電したら、お湯などが使えなくなります。でも、そんな時に役立つのはないかと探してみると「フリーズドライご飯」というものを見つけました。お湯で3分、水で5分で作れて、そのままでも食べられます。地震が起きた時、お腹が空いた時などにも食べることができます。小さい子でも、大人でも、高齢者でも簡単に作ることができます。災害時に怖かったり、お腹が空いて泣いてしまう、特に小さい子にいいのではないかと思いました。

作って食べてみた感想

作り方がすごく簡単でわかりやすかったです。右の写真のように水をどこまで入れるか目安があり、柔らかさが変えられて作りやすいと思いました。食べごたえがあり、災害時の腹ごしらえとしてよいと思いました。すごく美味しかったです。カレー味を選びましたが、少し味が薄かったです。もしもの時のために、非常食を家に保管しておくことで餓死する人も減少すると思うので安心だと思います。そして、賞味期限も7年近く残っているのですごく便利だと思いました。私の持っている防災バックの中に入れて少しでも命が助かるようにしたいと思います。

（橋本 唯花）

ドライカレー＆缶パンを食べてみた

ドライカレーについて

ぼくは作る時にお湯を使用したので、15分でできました。しかし、非常時にお湯なんて持っていないと思います。

ところが、ぼくが買ったこのドライカレーは、なんと水（常温）でも作ることができます。ただし60分かかります。

水バージョンも食べてみたかったけど一つしか買わなかったので作れなくて今回はお湯バージョンで食べました。温かくて一食分には十分な量でした。そして食料がなければ半分残して2食分にするのもいいですね。

缶パンについて

ぼくはマフィンみたいな形の小豆ミルク味というのを買いました。ミルクが強かったけど後から小豆の味もして美味しかったです。

水を飲むとお腹の中で膨らんで腹持ちはいいと思います。ぼくが買ったのは２個入りだったけど大きかったから半分に分けて4つにするのもいいと思うのでぜひ試してください。

缶パンはたくさん種類があります。違う味や、違うメーカーの商品もあります。おすすめはシンプルな味とこの小豆ミルク味です。

地震は起こる前から準備が必要

地震の起こる前の準備はご飯も重要です。夏は食中毒などもあります。気をつけて非常食の準備をしましょう。

（叶 順心）

朝昼のご飯で非常食を食べてみた！

きっかけ

避難所では、非常食を食べなければいけませんが、本当にその食生活が約1か月も続けられるかどうかを知りたくなったため、朝と昼ごはんを非常食にすることにしてみました。また、朝昼で料理やハミガキなどにどれぐらいの水が必要かも2L ペットボトルを何本か用意してどれぐらい使ったかを測ってみました。

朝ご飯

朝ご飯は、地震で電気が使えないことを想定して炊飯器なしでお米を炊くことにしました。用意したものは、お米とポリ袋３枚ほど、鍋、水です。

まず白米を洗い、よく水気をきったらポリ袋に入れ、袋の口を結びます。それにもう2重ポリ袋に入れて口を結び、鍋に袋の米の部分が全て浸るぐらいまで水を入れます。そして、水を沸騰させ、鍋に袋を入れて、30分ほど入れたままにします。袋が溶ける心配があったので袋の下に耐熱皿を入れました。そして30分経ったら、鍋から袋を出し、10分ほど蒸らして完成です。少し水を多く入れてしまったせいかもしれませんが、いつものご飯と全く変わらず、もちもちでちゃんと炊けていました。今回は白米でしたが、ちょっと調味料を入れるだけで味変もできていいと思いました。

今回使った水は、米を洗ったり鍋に入れたりしたため2L使いました。

昼ごはん

昼ごはんは、朝ご飯にたくさん水や時間を使ってしまったので、手っ取り早いインスタントのものと缶詰のものにしました。今回私は、カップ麺の「どん兵衛」とサバ缶にしました。「どん兵衛」はお湯がないことを想定して水にしました。ただ、水だと30分ほど浸けてもまだ硬い部分もあり「モチっ、シャリっ、パリっ」という感じだったので、40〜50分ほど浸けた方がよいと思いました。カップラーメンの場合は量がうどんより少なく細いのでもう少し短い時間でよいと思います。サバ缶は少し味は濃いと思いましたが、いけなくはない味でした。今回は水は解凍用に500mL使いました。

まとめ

今回、水は朝ご飯と昼ごはん、そしてハミガキなども入れて約3〜3.5L必要でした。朝昼だけでこれぐらいいるということは、1週間分だと1人分でも約35Lと、すごい量で驚きました。また、水は使いますが、インスタントよりも自分たちでご飯を作る方がおいしかったです。となると、実際はもっと水を使うので、防災リュックなどに用意している水では絶対足りないと思いました。もしもの時は、近くの川の水を蒸留するなどして足りない分を補おうと思います。また、自分でどれだけの水が必要かも考えておきたいです。

（横関 優里）

※災害時に白米を洗うのは、水がもったいないかもしれません。無洗米があれば、便利です。

家にあるもので防災食を作ってみた！

きっかけ

防災食を一般家庭でも作れるのか試したかったから。

サツマイモを非常食に

ぼくはサツマイモで防災食を作ってみました。

必要なもの

サツマイモ

作り方

①サツマイモを水で洗って切る（薄めがおすすめ）。
②サツマイモを耐熱皿に入れて、電子レンジで加熱（600W 約15分）。
③できたサツマイモを、干し網に重ならないように並べる。裏返しをして様子を見て、3日間干し続ける。
④真空の機械で真空にする。

試食したらとてもおいしかったので、防災食としてもおいしく食べられると思います。

真空にしている様子

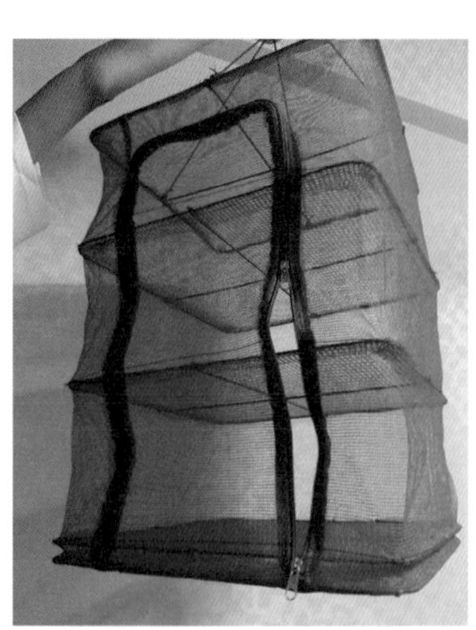

干し網

真空機械について

この真空機械は魚や野菜などを長持ちさせるために買った機械です。専用の袋に入れて機械にはさんで真空にします。

真空機械なしで簡単に真空にする方法

今回は水圧で真空にします。

でき上がり

材料

・ジップロック・ボウル・水（水道水でも可）

作り方

①ボウルに水を入れる
②ジップロックに野菜や肉を入れる
③ジップロックに隙間を少し開けてチャックを閉める
④③でできたジップロックを水の中に入れる
　※④の時は隙間を上にして入れる
⑤空気が抜けたらチャックを閉めて完了！

（植山 雄翔）

防災食は、食べ慣れておくとよいですね。キャンプなどの機会にみんなで試して、アイデアを出し合ってみましょう。防災食パーティなんていうのも、ありかも！　（近藤 誠司）

水 vs. お湯
カップ麺を食べ比べてみた！

なぜ食べ比べをしようと思ったか

カップヌードルはお湯を入れ、３分を待つと美味しく食べられると表示されます。しかし、災害時はお湯がないかもしれないので水でも作っておいしく食べることができるのかを試してみました。

カップヌードルとは

1971年9月18日に日清食品から発売されたお湯を入れて３分で食べられるカップ麺のことです。

水とお湯で作った時の違い

1. お湯で作る

カップの線のあるところまで、お湯を入れ、３分間待ちました。３分後、蓋を開けて食べてみるといつものカップヌードルの味がしました。お湯で作ったカップヌードルは時間が経つと麺が伸びてしまうのですぐに食べないといけないことを改めて実感しました。

2. 水で作る

カップに水を入れ、３分待ちました。３分後カップヌードルの蓋を開けると麺は下の方で固まっていました。突いて固まっていた麺を崩しました。その麺をすくってみると茹でていない麺でした。しかし、この水で作ったカップヌードルにはメリットがありました。このカップヌードルを数分おいて蓋を開けて、食べたカップヌードルはあったかくないものと同じ味がしました。さらに時間をおいてみました。しかし味は全然変わりませんでした。水で作ったカップヌードルは時間をおいても味が保たれることがわかりました。

感想

　お湯で作ったカップヌードルと水で作ったカップヌードルは人によって好みが違うと感じました。味を気にする人はお湯で作ったカップヌードルをおすすめします。調理時間と味をあまり気にしないのであれば、水でカップラーメンを調理することもできます。

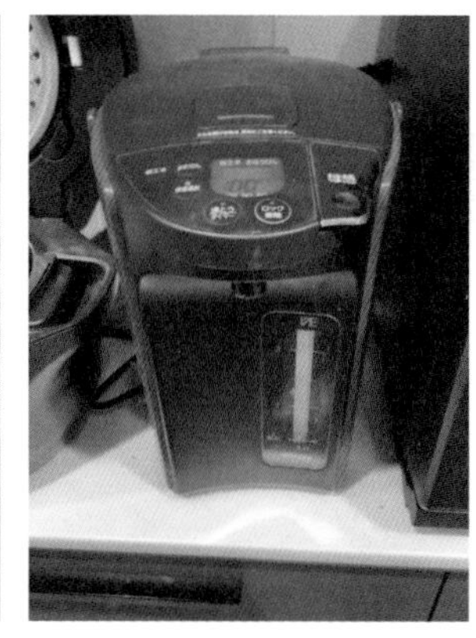

（髙木 悠雅）

非常食を水で工夫して作ってみた！

水と〇〇〇と〇〇〇で非常食を作った

みなさん非常食を水で作ったことはありますか？

今回は、非常食の五目ご飯を作ってみました。なるべく温かいご飯が食べたいと思いカイロとタオルで袋の周りを囲いました。15分ごとにタオルを剥がして試食してみました。

時間ごとの味や香り

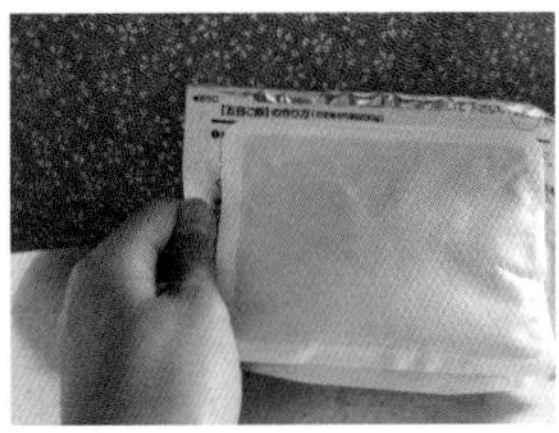

15分の時

・香りはなし・とてもご飯がパサパサしている・ご飯が冷たい。

30分の時

・15分の時と比べて香りがしている・カイロで温めているのでご飯が温かい。

・ご飯のパサパサ感は、15分の時とあまり変わらない。

45分の時

・時間が経つにつれ匂いがするようになってきた・具材の味やご飯のパサパサ感がなくなってきた。

60分の時

・味は、お湯でやったのと同じ・カイロだけで温めているため、ご飯は、温かくはない。

※今回使った非常食は水で作るには、60分が適当ですが防災食によって異なります。

温かいものが食べたかったら

地震などで避難所に行かなければならない時に、災害が起こる前に防災リュックを準備しておいてください。温かいものが食べたい方は、その中になるべく軽いカセットコンロとカセットボンベをあらかじめ入れておいたらいいと思います。

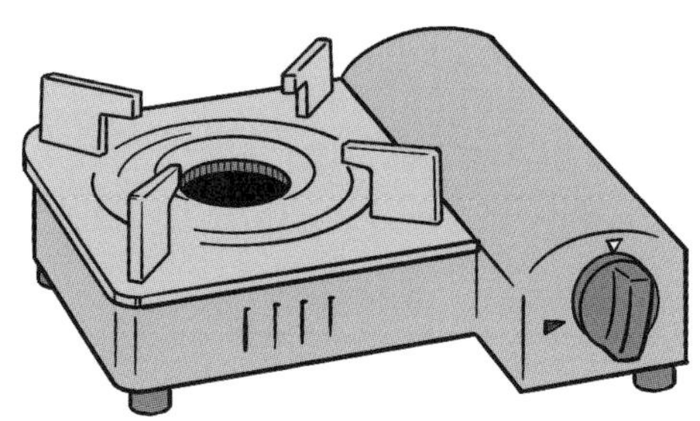

（井手 祐伸）

本当においしい防災食を調べてみた！

美味しい防災食とは？

私はこの防災の学習を通して、この前初めて防災食を食べてみました。とてもおいしかったのでたくさん試してみたところ、意外とおいしいと思ったのが１個、２個くらいしかなくて、防災食全てがおいしいとは限りませんでした。そう思いインターネットで調べてみると、結構いろんな人が防災食をまずいと感じていてびっくりしました。

自分に合った防災食

私が試してみた防災食で、おいしかったと感じたものを紹介します。

①ビスコ

1つ目はビスコです。ビスコは小さいのにすごく食べ応えがあって、すぐお腹いっぱいになるほどでした。それに栄養の面では、カルシウム・ビタミンなどが入っています。

②尾西のごはん

アルファ米は、インターネットでは「まずい」などと言われているお米です。しかし尾西のごはんは、他のアルファ米と比べて粒が大きく、他のアルファ米よりずっと甘いのです。レトルトカレーなどとすごく相性がいいのでオススメです。

まとめ

このように、防災食だからといって何でもいいわけではありません。だからこそ、自分に合った防災食をある程度事前に準備しておくことが大切です。

（樋裏 ユノ）

非常時に健康に過ごす方法について調査してみた！

調査しようと思ったきっかけ

支援物資や非常食は、長期保存が可能ですぐにエネルギー源となる、パン・ご飯・麺など炭水化物が多く、栄養が偏ってしまい、栄養失調を引き起こしてしまう可能性があると知りました。そこで、非常時に不足しがちな栄養素やどのような非常食を備蓄しておくべきなのか、栄養が偏らないためにどのようなことをすればいいのかを知っていると非常時にも安全に過ごせるのではないかと考えました。

どのようなものがいいのか

・長期保存ができるもの
・特別な道具を使わずに開けられるもの
・家族（小さな子ども）の好き嫌いに合わせて用意しておく

どのくらいの期間分必要なのか

最低でも３日必要です。ライフラインが復旧するのに最短でも３日かかります。災害の規模や地域の特性によって変わってくるので１週間分あれば安心です。飲料水は１日３Ｌを目安にするとよいです！

非常時に不足しやすい栄養素4つ！

①食物繊維②ビタミン③タンパク質④ミネラル

この４つが不足しやすい４つの栄養素です。配給される食事や非常食はすぐにエネルギー源となる炭水化物が多く、栄養が偏り、体調を崩してしまう恐れがあります。

4つの栄養素をとるためにどのようなものを備蓄する？

タンパク質の確保によいものは？

魚の水煮缶・真空パックの肉や魚がピッタリです。魚の水煮缶は味噌煮や醤油煮などは塩分が高いので、水煮を選んで塩分を控えましょう。真空パックの肉や魚は、先に味見して、ストックしておくことで災害時、少しでも自分の口に合うものを食べることができます。

ビタミンの確保によいものは？

フルーツや野菜などは、腐るのが早いので非常食として持ち運ぶのは難しくなってきます。ですが、ビタミンを摂らないと体の不調が起きやすくなってしまうので、少しでも果物や野菜の代わりになり、消費期限が長いものを備えておく必要があります。そこで、野菜ジュース、果物ジュース、ドライフルーツなどが最適です。

食物繊維、ビタミン、ミネラルの確保に最適な物

乾燥野菜と海藻がピッタリです。軽くて持ち運びもしやすいし、お湯が使える場所であれば、汁物には困りません。また、食物繊維、ビタミン、ミネラルの不足しやすい栄養素が多く含まれているので、メリットがとても多いです！

栄養が偏るとどうなってしまうの？

例えば、「貧血の人は鉄分をとるべき」と言われます。それは、血液を作る上で鉄分が必要だからです。他にも、栄養素と体の不調には関連があります。

大切なこと

災害はいつ起こるかわかりません。そこで、いつ災害が起きても大丈夫なよう、防災の日と言われる９月１日や、手が空いた時に、自分が用意している非常食は栄養バランスが取れているか、賞味期限が切れていないか、今一度見直してみてください！

（清水 菜心）

4 行ってみよう 避難場所・避難所

避難場所や避難所といった言葉は、誰もが一度は聞いたことがあるのではないでしょうか。しかし、そうした場所に実際に避難したことがある人は限られているでしょう。災害の恐れがある時、あるいは不幸にして被災してしまった時にはじめて避難場所や避難所に行くのは、簡単なことではありません。災害が迫っている時や災害直後に安全に避難するのは難しいですし、一度も行ったことがないところに行くのは、ちょっと勇気がいるのではないでしょうか。必要な時にすぐに避難できるようにするためには、事前に避難場所や避難所に行ってみて、様子を知っておくことが大切です。また、時間帯やペットの有無など、さまざまな条件での避難を考えることも大事ですね。　**（城下 英行）**

自分の街の防災マップを作ってみた！

作ろうとしたきっかけ

災害の時に避難するべき場所がわからなくなって被害が大きくなってしまうことがあります。少しでもそういったことをなくすために、ぼくたちは防災マップを作っています。

防災マップの作り方

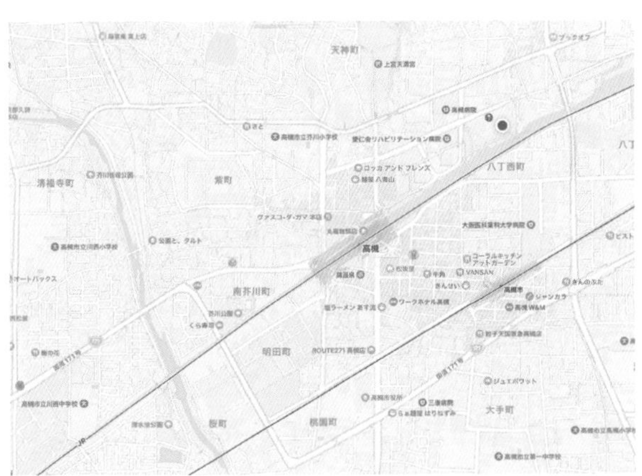

避難所は、自分たちが住んでいる場所によって変わります。どこに避難場所があるのか、あるいは避難経路がどうなっているのかを知るには、各市町村が用意する「防災情報マップ」などで確認できます。

Web サイトからダウンロードすることもできますので、印刷して自分のための防災マップを作りましょう。

自分がどこにどのように避難するかがわかるようになります。

早速、避難経路を確認しよう！

自分たちの防災マップを作るときには注意点があります。

1. まず、防災マップに自分の家や学校の位置を書き込みます。

2. 次に、防災マップで土砂災害、建物崩壊などの危険がある場所を確認

します。

3. その後、避難する場所の位置を確認し、書き込みます。
4. 最後に、自分の家や学校から避難する場所までの経路を書き込みます。危険な場所を見た上で道を決めていきましょう。

短い道でもよく見るとたくさんの危険な場所があります。ぜひ、自分たちの街の防災マップを作ってみてください！

（令和3年5月更新）

緊急避難場所	住所	[illegible]避難所	収容可能人数	台風等初期開設避難場所	災害の種別												地震
					水害						土砂災害						
					淀川	芥川	女瀬川	檜尾川	安威川	[illegible]	全地域	北部山間地域				[illegible]住宅地域	
												樫田	[illegible]	[illegible]	原		
樫田小学校	大字田能小字岡崎6	○	339		○	○					○	○					○
樫田支所	大字田能小字スハノ下11		40	○	○	○					○	○					○
樫田幼稚園	大字田能小字スハノ下12-1		65		○	○					○	○					○
阿武山小学校	阿武野2-1-2	○	1,519		○	○			○		○					○	○
土室小学校	上土室6-10-1	○	1,403		○	○			○								○
南平台小学校	南平台5-20-1	○	1,384		○	○	○				○			○		○	○
阿武野中学校	氷室町5-7-1	○	1,683		○	○											○
阿武山中学校	奈佐原1-2-1	○	1,373		○	○	○		○								○
阿武野コミュニティセンター	南平台5-21-2	○	187	○	○	○	○				○			○		○	○
西阿武野コミュニティセンター	阿武野1-10-2	○	145	○	○	○			○								○
阿武山公民館	奈佐原2-11-12	○	171	○	○	○			○								○
土室幼稚園	上土室6-10-2		180		○	○			○								○
郡家小学校	郡家新町68-1	○	1,403		○	○	○										○
阿武野小学校	氷室町4-4-5	○	1,603	○	○	○	○		○								○
川西小学校	川西町1-34-7	○	1,101		○		○										○
第二中学校	郡家本町52-1	○	2,267		○	○	○										○
川西中学校	川西町2-33-1	○	1,560		○		○	○	○								○
今城塚公民館	郡家新町48-3	○	349	○	○	○	○										○
川西コミュニティセンター	清福寺町6-5	○	174		○		○										○
郡家幼稚園	郡家新町68-3		217		○	○	○										○
阿武野幼稚園	氷室町4-16-1		218		○	○	○		○								○
郡家老人福祉センター	郡家新町48-6		173		○	○	○										○
三島高等学校	今城町27-1		649		○	○	○		○								○
阿武野高等学校	氷室町3-38-1		835		○	○	○		○								○
清水小学校	宮之川原4-20-1	○	1,495		○	○		○			○					○	○
安岡寺小学校	安岡寺町1-60-1	○	1,480		○	○		○			○					○	○
北清水小学校	安岡寺町6-2-1	○	1,558		○	○											○
第九中学校	松が丘1-17-1	○	1,835		○	○					○				○	○	○
北清水公民館	清水台1-7-1	○	155	○	○	○					○					○	○
清水コミュニティセンター	宮之川原5-4-3	○	150	○	○	○											○
清水認定こども園	宮之川原5-4-1		247		○	○											○
北清水幼稚園	安岡寺町6-2-2		235		○	○											○
原公民館	大字原808-3		127		○	○											○
芥川高等学校	浦堂1-12-1		855		○	○											○
芥川小学校	真上町1-2-3	○	1,679		○	○		○			○					○	○
真上小学校	西真上2-17-1	○	1,403		○		○	○									○
芥川公民館	芥川町4-20-12	○	127	○※	○		○	○									○
真上公民館	真上町2-16-6	○	134	○	○	○		○									○
芥川幼稚園	真上町1-2-6		307		○	○		○									○
関西大学高槻ミューズキャンパス	白梅町7-1		1,804		○			○									○
日吉台小学校	日吉台一番町24-18	○	1,892		○	○		○			○					○	○
北日吉台小学校	日吉台三番町4-20	○	1,710		○	○		○									○
芝谷中学校	芝谷町3-1	○	1,869		○	○		○									○
日吉台公民館	寺谷町50-1	○	236	○	○	○		○			○					○	○
磐手小学校	安満西の町27-1	○	1,656		○	○		○		○	○		○			○	○

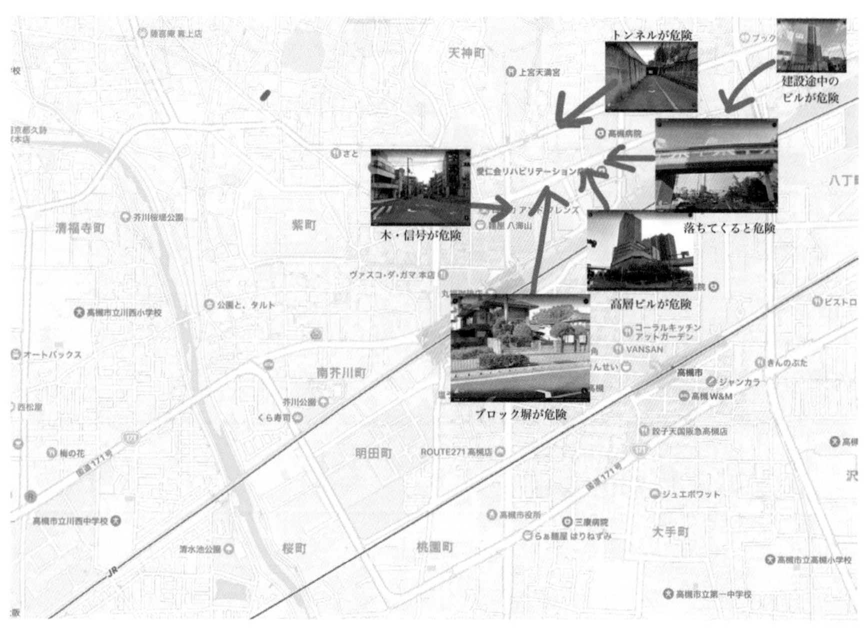

（原田 理功）

避難施設を調べてみた！

避難施設について

地震や水害などが起こり、家に居られなくなった場合に行く所が避難場所・避難所です。災害が起こってから初めて行くのであれば、緊張してしまうと思うので、ぼくは避難所の学校と公民館に行ってみました。

避難所としての学校

公立の小・中学校はとても広く高い建物になっているため、避難所として活用されることがあります。食料や非常食も用意しているので、最適な避難所となります。特に学校の体育館は実際に避難所として使われています。

学校によっては体育館が小さくて、避難に来る人数が多かったりすると拒否される場合があるので、他にも家の近所にある避難施設を覚えておきましょう。

避難に来た人が想定人数より多過ぎた場合、入ることはできてもご飯の数や掛け布団の数に限りがあるため、それらの備蓄品がないと言われる場合も想定しておきましょう。

避難所としての公民館

地方の公民館は全国で平均1.3キロの範囲に1つあります。そのため災害時には、歩いて行けるようになっています。

建物の中には、台所・トイレなどの基本的な生活設備が備わっています。

大量の水があり、トイレや水分補給ができる施設となっていて、避難所には最適な場所です。公民館ではたまにイベントなどを行っていますから、イベントに参加して公民館へのルートを確認するのもいいですね。

ただし、公民館は非常時に開設するのが遅い場合があるので、そういったことがあることも想定しておきましょう。

また、公民館はとても小さいことが多く、収容人数に限りがあるので、入れても寝るための場所が取れないと寝られないかもしれません。そのため、救援物資や食料、寝袋などを予備しておくとよいかもしれません。

それでも、寝返りを打ちづらかったり、知らない人と壁もなく寝ないといけなかったりする可能性があります。そういったことも頭に入れて避難しましょう。

避難するときは足元や地面を見てガラスや瓦礫がないか確認して避難をしましょう。そして自分の命を最優先に守りましょう。

感想

（株）ナビット「全国避難所データ」より

ぼくは初めて避難所に行ってみました。案外と避難所が近くて歩いていけるので避難に最適だと思いました。

公民館の中にいる人に聞いてみると、人の命を助ける施設が最近多くなってきているのがわかりました。

ぼくの家の近くには３か所の避難所があります。こういう施設が増えると助かる命も増えるのでもっと増やしてほしいと思いました。

（佐伯 星成）

避難場所の防災対策を調査してみた！

避難場所の安全性

「避難所に辿り着くことができれば安全だ」とよく言われます。しかし私は、地震が起きて避難場所へ避難したとしても、その避難場所が安全ではないと意味がないのではと思いました。

そこで、家の近くにある避難場所の安全性を調査してみました。

道中の看板

まず、避難場所へ行く際、道に迷ってしまう時があるのではと思い、避難場所への道中を詳しく見てみると、「緊急及災害時避難場所〇〇小学校」という看板があるのを見つけました。この看板があれば避難場所へ行く際も迷わず行けてよいなと思いました。

指定避難所の表記

避難場所に着くと、「指定緊急避難場所」などと書かれた看板が目に入りました。この看板を見ると、この避難場所に避難してもよいということがはっきりわかりました。さらにこの看板には、避難できる災害の種類や、洪水や高潮の想定浸水深が書かれていたので、どの災害が来ても安全とわかって安心することができました。

安心できる防災対策

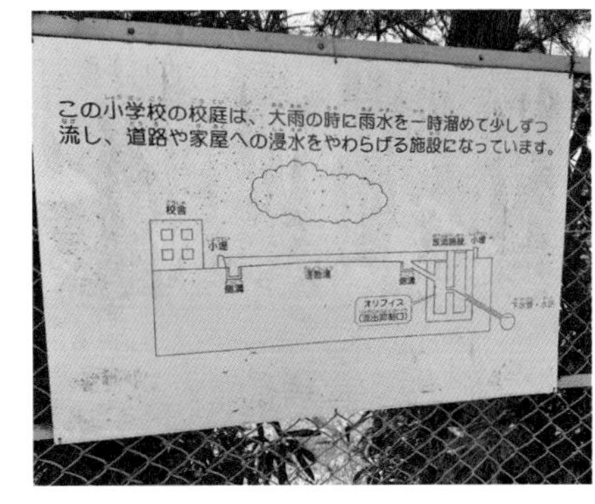

さらに横にはもう一つの看板があり、この小学校は大雨時に校庭に雨水を一時溜め、道路や家庭への浸水をやわらげることができる、ということが書いてありました。地震が起きていない時も、起きた時も安心なので、よい災害対策だと思いました。しかも、その防災対策を看板にし、公開するというのも住民の安心につながるので、よいと思いました。

私自身も避難場所に行っても安心だということがわかったので、災害時に安心して避難場所に行くことができてよかったです。

災害時の公衆電話

避難場所から家へ帰る時、公衆電話を見つけました。すると、その公衆電話に災害用伝言ダイヤル「171」というものがあったことに気付きました。

この災害用伝言ダイヤルを使えば、災害時に親と離れ離れになってしまった時、伝言を録音し、家の電話番号を入れるだけで、家族に伝言が伝わるというのはすごいなと思いました。

公衆電話はどんどん少なくなっていますが、公衆電話が使える場合は、家族と離れ離れになっても安心だなと思いました。

（成瀬 千嘉）

避難所の防災対策を調査してみた！

避難所は本当に安全なのか

「災害に遭ったら避難所に行く」とはよく言われますが、避難所は本当に安全なのでしょうか。

高槻市の避難所に指定されている関西大学高槻ミューズキャンパスについて調査してみました。

避難所の設置については法律で決まっている

避難所の設置や安全に対しては法律で決まっているようです。

・災害対策基本法

第49条の7　市町村長は、想定される災害の状況、人口の状況その他の状況を勘案し、災害が発生した場合における適切な避難所を避難のために必要な間滞在させ、又は自ら居住の場所を確保することが困難な被災した住民その他の被災者を一時的に滞在させるための施設の確保を図るため、政令で定める基準に適合する公共施設その他の施設を指定避難所として指定しなければならない　と書かれています。（一部改変）

避難所の耐震性能

日本の避難所の耐震性能は、近年大きく向上していて、東日本大震災を教訓に、避難所の土台や筋交い、柱などの接合部に耐震金物を取り付けることや、建物の強度を補強する、耐震補強を行っているそうです。

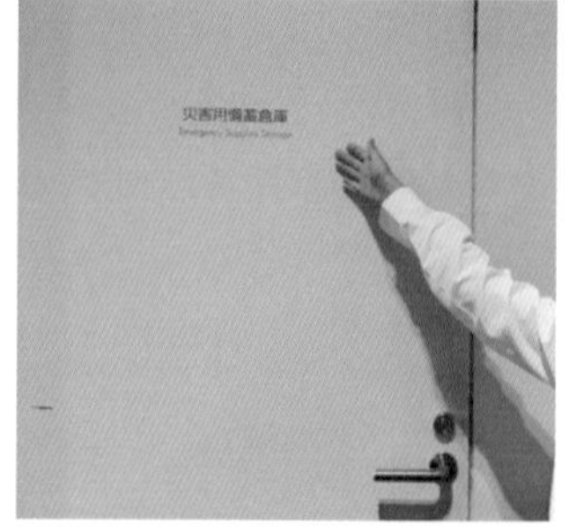

全国の避難所はほとんどが鉄筋コンクリートでできていて、かなり丈夫だとのこと。関

西大学高槻ミューズキャンパスも避難所として建物全体が鉄筋コンクリートでできています。

避難所の停電への対策

関西大学高槻ミューズキャンパスでは、停電対策としてコージェネレーションシステムの発電機を設置しています。

燃料用の都市ガス導管は、地表面水平加速度400ガルの地震発生時にも安定して供給される耐震性評価を受けていて、地震による停電時でも冷暖房やシャワーが利用可能な避難所となっています。また、停電時にセンサーで反応する照明も用意されていて、停電対策もできています。

避難所の避難用の器具

避難所には、たくさんの食糧や避難用の器具があります。トイレ、毛布など生活に必要な生活必需品、消毒液や包帯、担架などの救急医用品、水用のバケツや非常用の電気、薪などの資源なども設備されています。

避難所は、災害により住む場所を失ったり、住む場所に行くことができなくなったり人たちのための施設です。何日間、何週間、場合によっては何か月間も過ごすことになる場所なので、避難所には余るほどの食糧、避難（所）生活の必需品を用意する必要があるのです。

結果

避難所は衛生的な面でも、建造物的な面でも、かなり安全と言えると思います。それでも、避難所にも限界があります。避難所の利用は計画的にするべきだと思いました。

（山縣 隼也）

避難施設まで歩いてみた！①

避難所と避難場所の違い

みなさんは避難所と避難場所の違いを知っていますか？

避難所とは、火災や地震などによって被災した住民を収容するための施設のことです。

一方、避難場所とは、地震により同時多発の火災が発生し延焼拡大の場合、その他域内の住民が生命・身体の安全を確保できる場所のことです。

みなさんが避難しようとしているところは避難所ですか？　それとも、避難場所ですか？

私の近所の小学校は、避難所兼避難場所です。私が避難する避難所では、基本的にペットは中に連れて入れないと書かれていました。ペットを連れてきている人は中に入れないので、避難する際は学校外で待つことになります。

避難所まで歩く

犬と猫を連れて実際に避難所まで歩いてみると、坂やちょっとした段があってきつかったです。さらに、地震が実際に起きたときはパニック状態になっているかもしれないし、きっと落ち着いて避難することは難しいんじゃないかなと思いました。

今回は家族全員で行ったので荷物が分担されましたが、1人の場合だったらもっときついだろうと思いました。避難の際に持ち出す荷物についても考えるきっかけになりました。

自分の家や避難所の近くに排水場と災害時給水拠点があれば、そこまで行ってみて、災害時にどのくらいの時間で水が運ばれてくるか予測することができます。私の家では、避難所までの時間を計りました。私の家の近くには津波が来ないので、今回は津波については考えませんでした。

実際に歩いて気がつくこと

実際に避難所まで歩いてみることで、想定外のことを感じることができます。

例を２つ上げてみます。

ペットを飼っているという想定で、階段から避難所に行くのが最短ルートなのですが、ペットがいるので、坂を使って遠回りしなければいけないということがわかります。

もう1つは、もし最短のルートが地震の揺れで崩れていて、通れなくなっていたら、回り道になりますが、他のルートを自分で考えてもしものことに備えることもできます。

みなさんは避難所まで歩いたことがありますか？

「別に行かなくてもいい」と思っている人も多くいると思いますが、実際に行ってみないとわからないことが沢山ありますよ。

（久木田 穂香）

災害は明るい時間に起きるとは限りません。暗い時間に歩いてみると、違った発見があると思います。　（菅 磨志保）

避難施設まで歩いてみた！②

避難施設へのルート確認の大切さ

みなさんは自分の避難施設まで歩いたことはありますか？ 私は、実際に災害時を想定しながら避難施設までのルートを家族で歩いてみました。すると、今まで気づかなかったことが目に留まり、気になりました。

避難施設まで少しでも安全に命を守りながら行く必要があります。いつも通る道だから、知っている道だからという理由だけで避難ルートにするのではなく、いかに命を守りながらそこまで到達できるのかをよく考える必要があります。そのために、実際にどのルートがよいかを事前に家族と確認しながら歩いてみることが大切だと思いました。

また、正しい情報を得るためにハザードマップに印をつけて考えておくことも大切です。もしも予定していた道が崩れていたり電柱が倒れたりなど、通れなくなってしまった場合のルートを決めておくことも大切です。

『指定緊急避難場所』と『指定避難所』について

避難施設には『指定緊急避難場所』『指定避難所』があり、災害時においてそれぞれ異なる役割があります。

災害時はまず指定緊急避難場所へ行き、自らの安全を確保しましょう！

『指定緊急避難場所』

災害の危険から命を守るために緊急的に避難する場所。土砂災害、洪水、津波、地震などの災害種別ごとに指定されている。※対象とする災害に対して安全な構造の建物、対象とする災害の危険がおよばない学校のグラウンドや駐車場など

『指定避難所』

災害の危険があり避難した住民等が災害の危険がなくなるまで必要な期間滞在し、または災害により自宅へ戻れなっくなった住民等が一時的に滞在することを想定した施設。※学校や体育館などの施設、公民館などの公共施設

避難施設へ実際に行ってみる！

私の住んでいる地域では、『指定緊急避難場所』『指定避難所』が同じです。実際に歩いてみると、家から避難施設まで上り坂や上り階段が多いことに気づきました。

では、なぜこんなにも上った場所に避難施設があるのか、実際に歩いてみると、よく理解できました。家から避難施設に行くまでには、水路がたくさんあり、災害時には水があふれてしまう可能性があるからです。そこで、浸水の危険を考え、マップから水路ができるだけないルートを選び、歩きなおしてみました。避難施設までかかる時間もほとんど変わりなく、水路が少ない道で避難施設まで行くことができました。でも、どうしてもさけて通れない危険な所がありました。それは道路の高架下（こうかした）です。高架下の横断は、道路がくずれる危険がありますが、どの道でも、どうしても高架下を通らないと避難施設に行くことができません。

このことからも、避難ルートは安全であることはもちろんですが、できるかぎり危険が少ない道を選ぶことも大切だと学びました。

災害はいつ起こるかわからないため、事前にしっかりと避難ルートの確認が必要なのだと思いました。「もしも」を考えた経験が、きっと、いざという時に役に立ち、大切な命を守るための大きな力になるのだと感じました。

（山口 紗季）

避難施設まで歩いてみた！③

坂の上にある避難所

ぼくが災害時に行ける避難所は、２つあります。

そのうちの一つの避難所までどのくらいかかるか、実際に計ってみました。

避難所へ走っていけるのか？

家の近くにある避難所まで走ってみました。避難所までは上り坂なので、避難所に着いたときには疲れてへとへとでした。そして、7分36秒かかりました。

次に足を怪我している状態で行ってみました。普通に走った時で7分以上、怪我した状態で走ると、18分27秒かかりました。

これだけかかると、津波などが来た時には、もしかしたら波にのまれるかもしれません。ぼくは、「津波が来ますよ」と言われた時などは、怪我をしている場合は、できるだけ早めに行こうと思いました。

また、高齢者もいる場合には、走るのは難しいと思います。その場合は歩いてみましょう。

荷物を持った状態で走る

それから、避難時に荷物を持って逃げる時にはどの程度かかるか試してみました。

足を怪我していない時に走ってみると、８分16秒かかりました。普通に走る時よりも40秒遅くなっています。

そして、怪我をしている状態で荷物を持って行ってみると、22分19秒かかりました。何も持たずに行った時と比べて3分52秒も遅くなりました。この結果を見て、緊急避難時は、何も持たずに逃げようと思いました。

避難所までいかなくていい？

ところで、ぼくの家は、避難所よりも高いところにあるため、津波の時は、避難所よりも家の方が安全だけれども、そこで1週間、もしくは1か月の間何もせずに過ごす場合、食料がなくなる可能性があります。

その時になって、よし避難所に行こうと避難所に行っても受け入れてもらえない可能性があります。そうならないためにも最初から避難所に避難しておくか、防災食を用意しておくことが適切だと思いました。

（谷樹）

避難施設まで歩いてみた！④

最寄りの避難所

もしも家で地震が起きた時のことを考えて、家から避難所に向かう道について調べてみました。

ぼくの家は避難所まで遠いか近いかでいうと比較的近い方にあり、時間にしてみると徒歩5分ほどで辿り着く場所にあります。

危険性のある場所

家から避難所に行くまでの道の間には細長くなっている公園があります。その公園には太く大きい木が連なっており、地震の時には倒れてくる危険性があるので気をつけないといけません。

また、周りは住宅街になっているので場合によっては火事が起こったり木と同じように倒壊したりする可能性が高いでしょう。

近くには電柱も立っていて地震により電線が切れるなどの危険が考えられるので、最短の道よりも迂回ルートを通った方が危険性も少なくなると思われます。

家から出て避難所に向かう時も、安心はできません。（写真ではわかりにくいですが）人よりも背の高い柵や街灯が立っているので、着いてからでも余震には注意が必要になります。

様々なルートの時間

上にも書いたように電柱や木などの様々な危険性を考えると、最短ルートでは危険かもしれないので迂回ルートでかかる時間も調べてみました。

最短ルートだと徒歩５分でしたが、それ以外の２ルートを通ってみた場合は、家から北に向かいマップに書いてある「あづまずし」の手前で曲がり細い路地を通り抜けるルートと下に降りて公園の反対側にある太い道を通るルートがあります。

上で細い路地を通るルートは万が一倒壊していたら通れないしふさがれている可能性があるので災害時には一番の近道よりも危険性が高くなる可能性があります。

下の太いルートは高い建物もなく、また建物は最近建ったもので耐震構造もしっかりしていると思われるので倒壊の可能性は低いと感じました。道幅も広く、もし倒壊してもふさがれる心配が少ないので最も安全なルートと思われます。

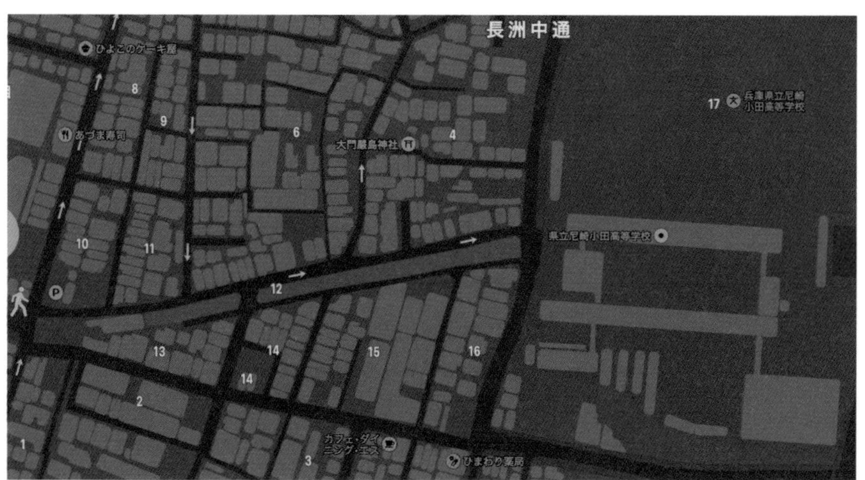

（末広 凛玖）

避難所の学校に行ってみた！

近くの指定避難所

私の家の近くには、指定避難所の学校があります。ですが、そこに行くまでには、外にあるブロック塀や電柱など、倒れてきたら避けられないほどの危険があると思いました。

もしも私の家が地震などの災害で潰れたりしてしまったら、その場から逃げて避難しないといけないと思うので、ちゃんと避難所の場所の確認や危ない場所を知っておかなければいけないと思います。もしもという時に、逃げ遅れたりしては、一番大事な「自助」ができないと思ったからです。

知っておくとよいこと——ここが危ない！

私の家から実際に指定避難所まで歩いてみると、約3分で行けました。

これを「速い」と思う人が多いかもしれませんが、時間は短いものの、そこに行くまでは危険がたくさんありました。

その原因は大きく3つあると思います。

まずは、「電柱」です。どこにでもあるように思うけれど、なぜか他の場所よりも電柱が多いと感じました。

電柱は倒れてきたらとても危険だし、逃げる時に気をつけないといけないなと感じました。

２つ目は、「建物」です。行くまでにはどこを見ても家だらけで、しかもお寺もあり、古そうな家などばかりだったので、倒れてきたらすぐに圧死してしまうと思いました。

３つ目は、「ブロック塀」です。ほぼ全ての家にブロック塀などの塀があり、今にも地震が起こったら倒れてきそうなので、絶対に気をつけないといけないなと思いました。

３つの危険の中でもブロック塀は倒れたら重くて危ないので、かなり気をつけなければならないなと思いました。

指定避難所までの苦難

避難所までは、行くまでにも危険がたくさんあり、とても大変だということが改めてわかった気がします。

もしも地震が起きて、家が崩れてしまったら、この難問を乗り越えないといけません。

避難所までのハザードマップを作って印をつけてみたり、家族と避難所まで歩いてみたりしてもっと地震などの災害対策をしてみる必要を強く感じました。

（林 美桜）

「散歩道　災害時には　避難経路」、こんな防災川柳もあります。日頃から歩くことで、危険箇所を点検し、代替ルートも探しておきましょう。　（近藤 誠司）

防災公園に行ってみた！①

防災公園

防災について調べていると、いつも使う普通の公園が、災害時には活躍することがあるというサイトを見ました。公園にはどのような防災対策があるのかやどのように活躍しているかが気になり、枚方市の車塚公園という防災公園に行ってみました。

何があったか

車塚公園では５つの防災対策が見られました。

①炊き出し用ベンチ

ベンチの座面を取り外すと、炊き出し用カマドになり、温かい食事や飲み物を作るために利用できます。

②耐震性貯水槽

地下に整備した約100tの貯水量がある耐震性貯水槽は、5000人以上の避難者に約３日間、１日３Ｌ以上の飲み水を確保できます。

③太陽光照明

非常用トイレ付近などの照明は太陽光発電となっており、災害時でも灯

太陽光照明

炊き出し用ベンチ

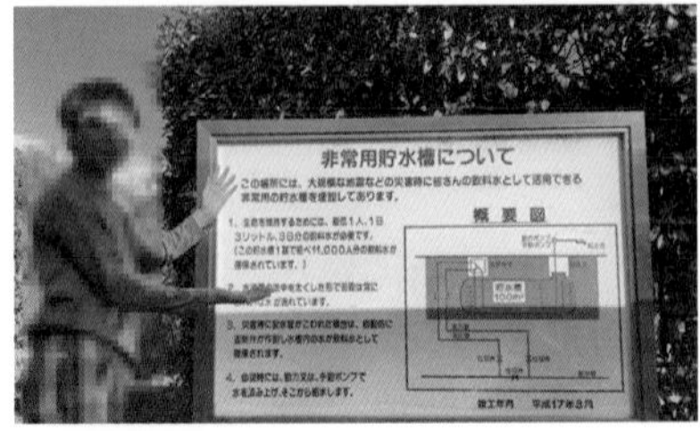

耐震性貯水槽

りを灯します。

④非常用トイレ

マンホールを開き、囲いを取り付けることで、合計52基の簡易トイレを確保できます。

⑤防災水槽

東側、西側それぞれ1か所ずつ、消火活動用の水(40t)を確保する水槽を地下に整備しています。

(「未来につながる豊かさと安心を支える安心と輝きの社防災公園車塚公園」より一部抜粋)

感想

地震はいつ起きるかわからないので、車塚公園のような防災公園が近くにある人たちは、普通の時は公園で遊べて災害時は避難できていいと思いました。

非常用トイレ

避難してから体を動かさないとエコノミークラス症候群という病気等になる可能性があるけれど、公園では運動ができ、エコノミークラス症候群などの病気等になりにくくすることも考えているのかと思いました。

防災水槽

だから防災公園をさらに増やしていくべきだと思いました。しかし、それでは防災公園ばかりを頼りすぎる人がいるかもしれないから、それだけではなく、自分でも防災バッグを用意するなど、自分の力でもしなければいけないことがあると思いました。

(安永 将太朗)

防災公園に行ってみた！②

古曽部防災公園（大阪府高槻市）

古曽部防災公園は、敷地面積約4.5ha、いつもはたくさんの人が遊びに来て、賑やかな公園ですが、高槻市初の本格的な防災機能を兼ね備えた地区公園です。

公園には様々な工夫が

写真は古曽部防災公園の遊具です。一見普通の遊具に見えますが、実はこの遊具は災害時に上から覆うものをかぶせるとテントになります。

公園内には防災パーゴラも設置されており、これも災害時にはテントになります。普段は倉庫として使っているものも、災害時には倉庫内にトイレを設置し、非常用として利用できます。他にも、災害時には下水道のマンホールを非常用トイレとして利用することができます。

貯水槽やかまどベンチもあります。貯水槽は耐震性になっていて、災害時に水道施設が壊れた場合には、緊急用の飲料水や消火用水として利用することができます。かまどベンチは脚部をかまどとして利用します。

感想

いつもは普通の公園と思っていても災害時に活躍することを知り驚きました。遊具がテントになることを知り、一石二鳥な遊具があるのは災害時にとても役立つものだと思いました。

ぼくたちが知らないところで、たくさんの人の命を守っていることに対しとても感謝しなければいけないと実感しました。（細井 杏路）

備蓄倉庫を見学してみた！①

備蓄倉庫について

備蓄倉庫とは、災害に備えて食糧や生活用品などを保管する倉庫のことです。大きな災害が起こった時に必要になりそうだけど家には置いておけないような、１週間分程度の食料や生活用品などの大きな防災用品を備蓄しておくことができます。そして避難所になる可能性もあります。

備蓄されているもの

学校の備蓄倉庫には、主に生活に欠かせない食料と生活用品が備蓄されていました。具体的には、

・**賞味期限が長い食料品**　災害時に備えたアルファ化米・フリーズドライ食品・レトルト食品などの非常食（最低でも3日分）

・**生活用品**　段ボールベッド・バケツ・ガスボンベ・シーツ・着火剤など です。

考えたこと

備蓄倉庫には、たくさんの食料や生活用品がコンパクトに備蓄されていることを知りました。そして一時的な避難所になること、災害時にはここに逃げることができることも知りました。防災センターの人に話を聞いたところ、食料は賞味期限の確認もしているそうです。備蓄されている物の確認は特に大変そうだし、災害時のことを想像しながら必要なものを備蓄することは、難しそうだなと思いました。

（羽間 百花）

備蓄倉庫を見学してみた！②

物が豊富な備蓄倉庫

自分の学校にある備蓄倉庫を見学してみました。

物や種類が豊富でした。例えばテント約30人が寝泊まりできます（図1）。食料（図2）などもあって賞味期限が一目でわかるので安心だなと思いました。

図1　テント

そして段ボールベッドやマンホールトイレ水汲みのための機械。さらに殺虫剤、赤ちゃん用品など、どのような人が来ても大丈夫なように考えられ、担当の人は「どうすれば避難所生活が楽になるかと毎日考えている」と言っていました。

図2　食料

防犯カメラもあって地震前のセキュリティーも万全。地震で電力が止まっても、風力発電ができます。

これだけあればここの地域の方が避難してきても足りるだろうと思っていました。しかし、長くても3日しか持たないそうです。3日で家や仮設住宅に入れた人はいいですが、入れず避難所で待つこ

とになった人は支援物資が届くまでお腹を空かせてひたすら待つことになります。

そんな思いは絶対したくないので、自分用に防災リュックを作ろうと思いました。

決める基準は？

基本的な防災リュックの例は別のページに記載していますが、自分が避難する学校にどれだけの備蓄があるのか、ない物は何かなどと照らし合わせて自分は何を用意するべきか考えました。

家族と相談した結果、私の家は、水1L を1本と潰せる空の容器、ビスコを人間用に。そして、私の家にはペットがいるのでペットのために、キャリーケース、ドッグフードなどを用意しました。また、避難所に入れず車で寝泊まりするかもしれないと考えて車の中にも防災バッグを用意しました。

コロナ禍で

学校の備蓄倉庫では、コロナウイルス感染症が流行ってから新しい備蓄を増やしたそうです。まず、プラスチック板のセパレートです。食事の時などに活用できそうです。

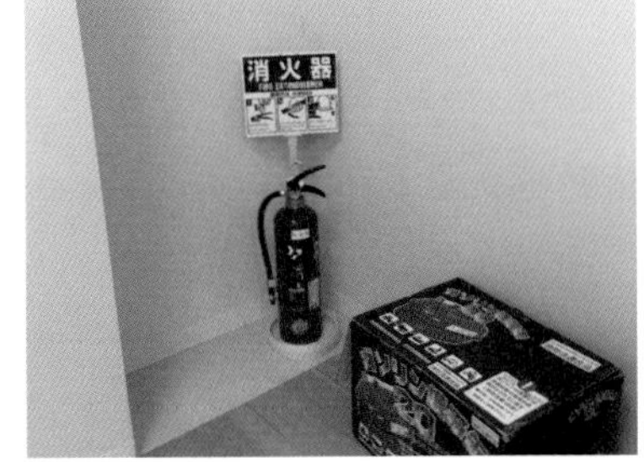

さらに、コロナウイルスもしくはインフルエンザなどの伝染病の人を隔離するスペースを作り、薬の常備も増やしたそうです。

驚き

このように備蓄倉庫は幅広い年代、さまざまな人が来ても対応できるようになっていると思ったのですが、担当の人から「100人中100人がしっかり満足できるとは限らない」と聞いて驚きました。

（武内 真希）

熊本地震体験談①

熊本市立小学校教諭 野口澄さん

●学校の現状

2016年4月14日前震、同16日に本震の熊本地震を経験しました。

私は熊本市立秋津小学校に当時勤務していました。秋津小学校は震度７が２回起きた益城町のとなりの町であり、被害が甚大でした。建物の壁面は壊れ、プールは地盤がずれたことにより斜めになり教室や職員室、図書室などあらゆる部屋がめちゃくちゃになっていました。

校区では、橋が壊れ通行できない、何軒もの家が全壊になり、信号も倒れ、戦争が起きたのかと思うほどで、茫然となりました。

●避難所生活で困ったこと

多くの子どもたちが学校や公民館に避難したり親戚などの地域に避難したりしました。中には転校する児童もいました。

子どもたちが避難所で困ったことは何だと思いますか？　次のようなことを子どもたちは話してくれました。

①あったかい料理を食べたい。②ゆっくり布団で寝たい。風呂に入りたい。③好きなテレビを見たい。④学校に行きたい。⑤友だちに会いたい。⑥いつまでこの生活なの？ と心配。⑦運動不足　など。

特に「学校に行きたい！」という気持ちをどの子も強く持っていました。新年度になって数日しか登校していなかったのです。避難所生活では、お手伝いをしたり、ボランティアの方と作業したり遊んだり、ラジオ体操などをして体を動かす活動もしていました。また、「花」がそっと置かれ、それは「癒し」になったそうです。

●私自身の体験

以前、消防署で震度７の疑似体験をしましたが、まさにそれと同じ揺れが起きました。家具、タンス、本棚などが倒れ、ガラスが割れました。

熊本地震では「余震」が毎日のようにあり、家で過ごすことに怖さがあり車中泊をせざるをえませんでした。また、いつでも逃げることができるように、①靴をそばに置く、②貴重品をまとめておくようにしました。

SNS で様々な情報が流れました。「自衛隊が○日に○に来るよ」「近所の○さんが水を提供されるよ」など有益な情報もありましたが、いわゆる「フェイク情報」も多く流れてきました。「動物園からライオンが逃げた」という情報は学校が動物園と近隣でもあり、大変危惧したのを覚えています。また、住んでいるところが海に近く、津波を心配して多くの人が車で逃げ大渋滞になるということも起きました。津波が来ることはないのですが正しい情報をいかに取得するかは大きな課題となりました。

●つながりと不安の中で

避難所では避難者の方同士のつながりはもちろん、大阪、兵庫、長崎などから避難所支援や医療支援で派遣された方が来られ、とても助けてもらいました。ボランティアの方は全国から来られました。特に炊き出しは有難く、避難所の仕事の軽減につながりました。

「いつまでこの生活は続くのか」ということが一番の不安でしたから、学校再開日が決められたことが何より安心感をもたらしました。学校が再開になると日常が戻ってきましたが、「不安」を抱える子どもも多く、「トイレでは1人にしない」「カウンセリングを受ける」などの対応をしました。そして数か月たった後、「振り返りの作文」に全校で取り組みました。自分の経験を言語化する大切さを学んだからです。もちろん、強制はしませんでしたが、自分と向き合う時間となりました。

熊本地震体験談②避難生活

熊本市教育委員会 山下若菜さん

地震があった時、下から突き上げられるような衝撃があり、廊下がトランポリンのようになりました。部屋がグチャグチャになった様子を見て、(大変なことが起こった……何人も死んでいるんじゃないか……)と思いました。

避難所(上の支える棒が落ちているため非常食置き場になっている体育館)

4日間ほど車中泊をしました。余震がひどくて、家にいられなかったからです。避難所になっている中学校の体育館に行ってみたのですが、夜中に何度も、体育館に避難していた人たちの携帯電話から一斉に、非常アラートが鳴るのです。当時子どもが3才と0才だったので、非常アラートが鳴り響くと怖くて大泣きしてしまいます。だからとても体育館にはいられなくて、運動場に車を停めて、車中に布団を敷いて過ごしました。

水を買いに並ぶ人たち

一番困ったことは食糧です。当時娘は、小麦と卵のアレルギーで完全除去していました。しかし、避難所などで配られる食事はパンが多いのです。だから、お店の人や並んでいる人に事情を話しておにぎりを譲ってもらったり、アレルギー食を配布している病院があるという情報を聞きつけて、私の父がもらいに行ってくれたりしながら何とか娘の食糧を確保しました。

本当にたくさんの人に助けてもらいました。

学校も校舎が壊れたり、渡り廊下が割れてしまったり、ヒビが入ってしまったりしたので、1か月ほど休校になりました。再開しても、被害がひどかった学校は校舎がないため体育館での授業でした。

また、部活や社会体育があるため、毎日授業が終わると机を運び出し、朝から机をまた入れる、という繰り返しでした。

車中泊の様子

体育館で授業を受ける様子　提供：熊本市教育委員会

家の近くの防災対策（看板やマーク）を調べてみた！

はじめに

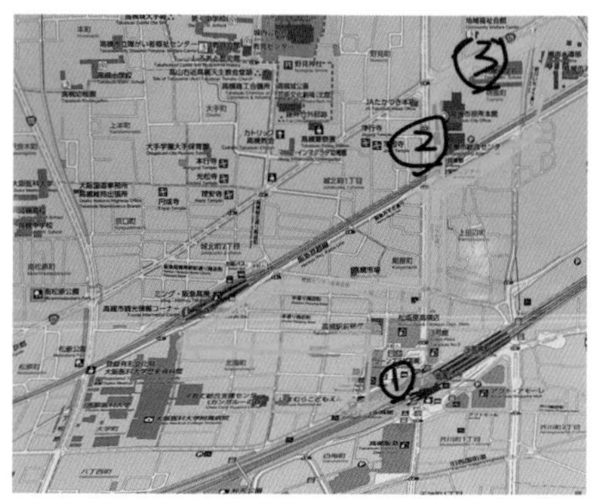

私はよく家の近くを散歩したりしています。もし、散歩をしている時に地震が起こったらどうしようと思い私の家の近くにはどのくらいの防災対策があるのか、防災を知らない人を案内するためのマークはあるのかと疑問に思いました。だから、実際に調べてみました。私は高槻市に住んでいます。行く前に予想をしてみました。駅の中にもマークがあり、防災対策に関するマークがたくさん見つかると思います。調査したルートは上の写真の緑線です。

調査結果

まずJR高槻駅を歩いてみました（①）。すると、駅の中には防災に関するマークが全く見つかりませんでした。

もし、駅にいる時に被災したら、どっちに逃げればいいかわから

（資料）

なくなると思いました。

その後阪急高槻市駅の方に歩いてみようと思い、歩き始めた途端「見つけた！」（資料）けれど、これを被災した時に見ようと思っても、潰れて見えなくなってしまったりしたら結局意味がないと思いました。だから、事前に避難場所を考えておくことが大切だと思います。

次に高槻市総合センター（②）を目指し、歩いてみました。総合センターの中には特に表示はなかったけれど、総合センターは緊急避難場所に指定されて、地震や津波が来た時に避難する避難場所なので、地震の時に津波が来たら、ここに逃げればいいなと思いました。

次に市役所に行くと、防災に使えそうなものがありました（右写真）。発泡スチロールの再利用ですが、見方を変えれば防災に繋がり、一石二鳥になると思います。本来の目的は違うかもしれませんが、防災にもつながってよいと思いました。ちなみに市役所は避難場所に指定されていませんでした。

最後に、桃園小学校（③）に行きました。そこは地震・台風・津波が来た時に避難する避難所でした。

しかし、私の家からは少し遠いので、これは地震が起きた際は避難するのが難しいなと思いました。

調査を終えて

調査をした結果、私の家の近くには、あまり防災に関する設備がなくて、被災した時にはどうすればいいのかなと思いました。

私の家の避難場所は近くの学校ですが、安全なルートの確かめや、もし近くの学校に行けなくなったらどうすればいいか、なども決めていないため、違う避難場所を決めておく必要があると思いました。

（川端 旬）

夜の避難──何時なら頭がしっかりと働くのか試してみた！

地震はいつ起こるかわかりません。例えば私たちが昼食をとっている時や寝ている時、そして、この本を読もうとしている時に地震が起こるかもしれません。そして、私たちは主に昼に活動をして、夜に就寝することほとんどだと思います。

だとしたら、寝ている時に地震が襲ってきたら死者や重症者、軽傷者などがたくさん出てしまうのではないでしょうか。

ということで、いつ地震が起こったら頭がしっかりと働くのか、１時、２時、４時で検証してみたいと思いました。

１時

１時に地震が起きたということを想定としてやってみました。

人の気配は全くありません。当然、夜ということもあって、どこもかしこも、真っ暗でした。

私は、あえて懐中電灯を使わずに急いで外に出ました。外に出たら車は当然のように通っていなく真っ暗でした。しかし、寝たばかりということもあったので早く少しだけ走れました。

２時

この時間は、人も全くいない時間帯、そして道路にも車が全く通っていませんでした。そして１時より空が暗かったです。

また当然のように私の家族も全員

寝ていました。私自身も１時より頭が全く働かなかったので、１時の時のように走ることができず、小走りしかできませんでした。

４時

この時間帯は、１時や２時よりちょっとだけ、空が、明るかったです。また１時や２時よりや車の通行が増えていました。でもこの時間帯にも私の家族はほとんど寝ていました。

また、私もこの時間帯に起きることは滅多にないため、頭の回転が１時や２時と比べるとまったく働きませんでした。

だから、走ることはもちろんできませんでした。そのため、歩いては小走りをし、また歩いては小走りをしたりして体を動かしました。

結果

１時の時がいちばん頭が働いて、２時は１時より働かず、４時がいちばん働きませんでした。

まとめ

私はこの検証をやってみて思ったことは、今は地震が起こっていないから電気がついていて道がわかるからまだ走れたものの、電気がついていなかったらパニックになってじっとして状況整理をしてしまうと思います。

電気が通っている道があるからこそ、私たちは夜の道も安心して通行することができるとわかりました。

（平田 知穂）

※同じ時間帯でも、季節によって明るさや暑さ・寒さは異なります。こうした違いも想定しておくと、より適切な対応につながります。

新生児と同じ重さの人形を持って走ってみた！※

実際走ってみた時の感想

とってもしんどかったです。特に、自分の防災バッグも持ちながら赤ちゃんを抱えて走るのがとても大変でした。

私の母が「新生児だと走っている時に、首がガクガクして危ないよね……」と言っていました。だから実際に災害が起こった時に、新生児を抱いて逃げる場合は、そのようなところも気をつけないといけないと思いました。

持ち物の重さ――冬と夏の重さの違い

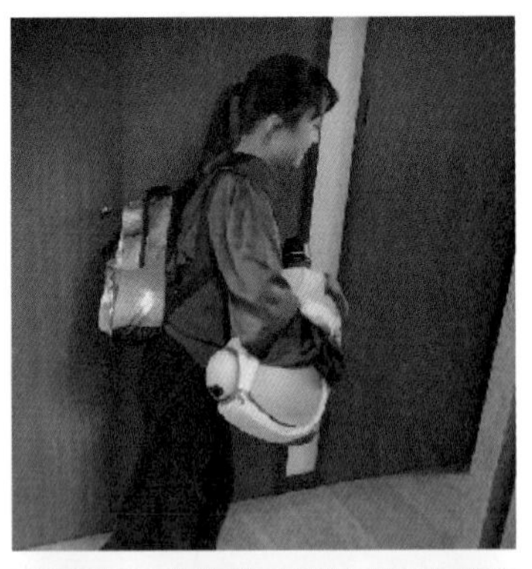

まずは夏に災害が起こったことを想定し、走ってみました。

防災リュックを背負い、抱っこ紐を使いながら走ると少し楽でした。

冬の場合はコートやジャケット、セーター、防災グッズ全てがバッグの中に入っていたのでとても大変でした。もちろん、新生児にも厚手を着せていたので、夏とは全く違い、とても大変でした。

実際の重さは？

実際の重さはなんと43.5キログラム（自分の体重も入れて測ってみました）！

夏は薄手を着ているので防災リュックに入れる服の重さも冬に比べると軽かっ

たのですが、それでも重かったです。

冬はなんと43.8キログラムでした。とても重くて歩くことは簡単ですが、走ることは難しく、荷物を引き継ぎたくなりました。

その日の天候によって違う？

天候によって気をつけることは、全然違います。例えばその日が雨だと、傘やカッパが必要です。

まず、傘を持って走ってみました。余計荷物になり、防災バッグと赤ちゃんと傘を全て子どもが持つのは難しいと思ったので、大人の母に走ってもらいました。

母は、「重たくて大変だけど走ることはできるかな。でも、長距離は難しいかも…」と言っていました。

しかし、雨の日は走るのが危ないので、実際に災害が起こったら、そのようなところも気をつけなければいけないと思いました。

（長昌 里奈）

※実際の避難では、できるだけ歩いて安全に行動するようにしましょう。

面倒かもしれませんが「やってみること」はとても大切です。実際に体験することで、そこから想像できることも広がります。とっさの判断が求められる災害への備えとして、事前に想定される問題や、できそうなことを増やしておくことも、立派な防災・減災対策になります。　（菅 磨志保）

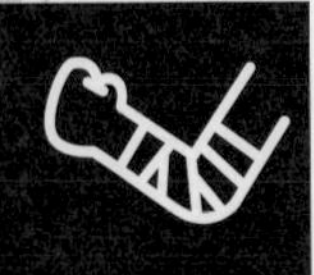

身近な物で包帯を作って巻いてみた！

包帯作りのきっかけ

みなさんはいつ包帯を使いますか？　みなさんが骨折や捻挫・出血をした時に使える包帯。防災バッグに入っていますか？　包帯を入れてない時に災害が起こり怪我してしまったらどうしますか？　防災の学習を進めていく中でこのようなことを疑問に感じました。そんな困った時に使える身近な物で作る包帯があればいいと思い、包帯作りをしました。

防災イベントでの取組み

私たちは5年生の時に防災イベント「BOSAI FESTA」を開催しました。そこで医療グループは包帯を作って来てくれた人たちにも着け方なども知ってもらうことにしました。

はじめは、グループ内でうまくまとまらず進んでいなかったけど、みんなで協力してイベントを成功させました。「BOSAI FESTA」では、タオルを切ったものを手に巻き、最後に取れないように紙ゴムでくくることを来てくれた人たちに教えて、災害が本当にあった時にしてもらえるようにしました。

緊急時に様々な方法で使えるタオル

防災バッグには救急ボックスが必要です。救急ボックスにはたくさんの医療グッズが必要です。けれど、持てる重さは限られています。その中で私が1番重要だと思ったのは「タオル」です。

タオルが1番重要だと思った理由は、様々な方法で使えるからです。一般的にはタオルは、濡れたものをふく、汚れを取る、などの役目で使われています。私たちはこのタオルを「包帯」として使いました。

タオル包帯の作り方

このタオルを使った包帯の作り方はとても簡単です。

①タオルを用意する

この場合は、きれいな形をしているタオルじゃなくてもいいです。切れ端やいびつな形をしていても、傷の大きさより一回り大きかったら大丈夫です。

②傷口をきれいにする

できれば消毒、消毒液がなければ水洗いでもできます。

③タオルを巻き、固定する

タオルを傷口に巻いた後、ヘアゴムなどで固定します。このヘアゴムは傷口に当たらないように、傷口の周りにゴムを巻きます。

実際に作ってみての感想

私たちは実際にタオルを購入して包帯を作ってみました。実際には傷はなかったのですが、傷があったときのことを考えて、固定方法も考えました。動いても包帯はずれず、とてもよい仕上がりになりました。

私たちは、地震が起こったときに実際に使ってほしいと思っています。

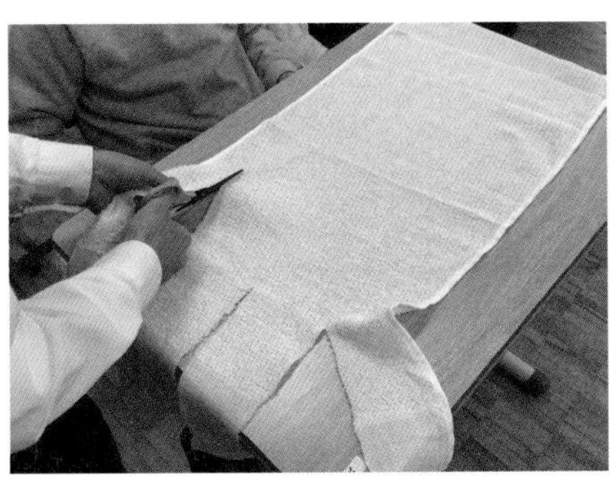

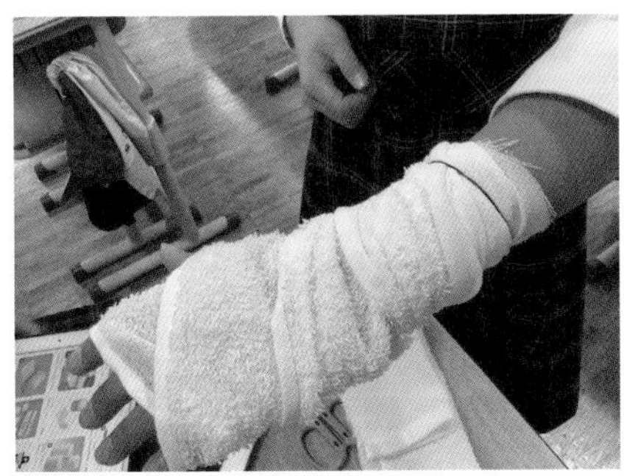

（落岩 さくら）

お風呂の水で何ができるかやってみた！

やろうと思ったきっかけ

みなさんは、実際に地震を経験したことがありますか？　地震が発生したら普段通りに暮らすことが大変困難になります。飲み水も「避難所に行ったらもらえるから大丈夫」と安心しきっていませんか？　本当に飲み水がもらえるのか不安に感じてきたと思います。
※飲み水のことなどに関しては、防災リュックのページ（p.34～37）に詳しく書いてあるので、ぜひご覧ください。

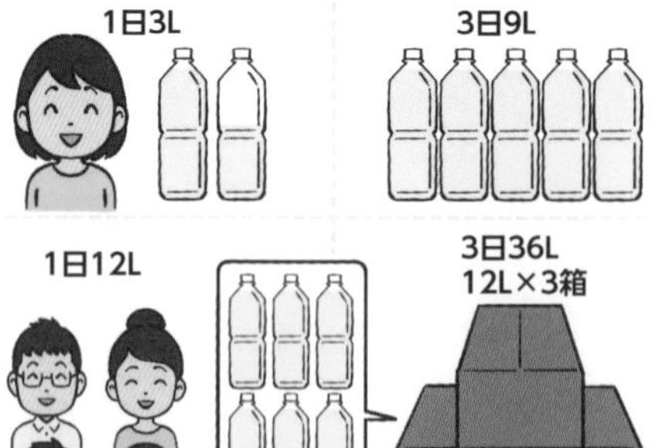

ここで私が取り上げる話題は「災害時に水が止まった時の対処法」です。災害時に水が止まって使えなくなった時に日頃からお風呂に溜めている水だけで、何日間健康的に過ごすことができるのかということです。

実際にやってみた

3人家族でお風呂に水は200L入っているものとする

・1日目

トイレをするのに8Lかかるため、朝、昼、晩の3回トイレをすると考えるとこの日は24L使ったことになる。そして、最低1人で飲み水に3L必要。合計33L

・2日目

1日目と同様24Lと飲み水3L×3人合計で33L

・3日目

3日目は洗濯物を家族3人分洗うと考えると、洗濯には150L必要。そしてトイレに24L飲み水3L合計183L

・4日目

トイレと飲み水を合わせて33Lと歯磨きをすると考えて、歯磨きは1回100mLの水が必要で1人2回歯磨きをして要ると考えると、家族3人で600mL必要。合計33L600mL

一通り試してみた結果

洗濯物を家族3人分洗うと1回で150L使うことになるので、お風呂に溜めている水の量が200Lの今回の場合、洗濯物を洗うとその後の生活ができなくなるということがわかりました。

どうするべきか？

災害時に洗濯物を洗いたくても水は使えないので、袋で洗濯ができる防災グッズを買って家族分の洗濯をするのがいいと思いました。

1日普通に生活するのには約34L必要です。洗濯を防災グッズの物を使えば、200L入るお風呂ならば大体6日程度過ごせます。1日の水の量を1割ほど減らせば、1週間過ごすことができることがわかりました。

みなさんも、日頃からお風呂に水を溜めて災害時に救援物資が来るまでの1週間を生き延びられるようにしてはいかがでしょうか。

（三輪 遥）

ペットの避難準備をやってみた！

ペットとの避難

災害が起きた場合、自分たちの家族としての大切なペットたちも一緒に避難をします。これを同行避難と言います。

同行避難を手早くするために、ペットの避難準備をしてみました。

避難準備をやってみた！

避難所では、私たち人間の食糧や生活品はありますが、ペット用品などは一切ありません。そのため、私たち飼い主がペットの準備をしなければいけません。なるべく多く持っていくことをおすすめします。

私はハムスターを飼っているのですが、犬でも、猫でも小さな動物でも基準はほとんど同じです。まず思いつくものから用意してみました。

１つ目はペットフードです。

ペットフードは、食べていかなければいけないものなので、用意しました。袋は、空になったペットフードの袋を使いました。未開封の状態のものでもいいですが、量が多すぎたりする場合は、移し替えます。

２つ目は、トイレシートです。

枚数が多い方がいいので、圧縮袋などに入れました。トイレ砂を使っている場は、袋に２重にして入れるのがおすすめです。

３つ目は、水です。

水分は、500mL をペット用に入れておきました。水の入れ物など、普段使っているものとは別にプラスチックなどでできているものを用意して入れました。

4つ目は、ケージです。

クレート、キャリーバッグなどを準備しておきます。なるべく、そのペットがいつもいるところや、玄関などに、他の準備物を一緒に用意しておくことにしました。

また、周りが見えるような物の場合、カバーを準備しておきます。周りの様子が見えるとペットがパニックになり逃げ出してしまったりする可能性が高いからです。

これらのものを、防災リュックに一緒に入れておきます。そうすれば、ペットを持つだけで塞がる手が空きます。

私はペットのケージの下にスペースがあったので、ここに置きました。

東日本大震災でのこと

東日本大震災では、少なくとも3,100匹の犬が犠牲になりました。ただ、猫や小動物のペットの実態は未だわかっていません。南海トラフ巨大地震では、東日本大震災の時よりも犠牲者（亡くなる人の命）が10倍になるとされています。となると、ペットの犠牲も10倍になるのだと私は思います。

少しの命でも犠牲にならないように、私たち飼い主が、しっかり対策をとることが大切です。

（西平 桜）

ペットを安全に避難所に連れて行ってみた！

なぜペットたちを連れて行こうと思ったか？

私の家には、金魚・かめ・ハムスター・セキセイインコがいます。特にセキセイインコは全然慣れていないので、避難所に連れて行くことはセキセイインコにとってもストレスになるし、津波が来た時など早く避難させないと自分もペットたちも被害を受けてしまいます。

またペットだけでなく、他にも持たなければならない大切なものもあるし、また防災グッズも持ちながら避難所に一度行ってみてどれだけ大変なのかを実際に体験してみたいと思ったからです。

実際に家族との集合場所にペットを連れて行ってみた

私が実際に飼っているペットたちを家族との集合場所に小さなカゴで連れて行ってみました。またペットだけでなく防災グッズを背負って行ってみました。

避難所に行くまでには川をまたいで行く必要があります。また、もし川が氾濫してしまっていた場合、集合場所を変えなければなりません。

動物は環境の変化に対してとても敏感ですぐにストレスを抱えてしまうので、なるべく早く落ち着ける場所に行かせてあげることが大事です。

そこで避難所に行く時間を計ってみました。結果は1分45秒。もし集合場所を変えて病院にした場合は、およそ10分かかります。

ペットたちはとても驚き、とても動揺していました。

やってみた感想

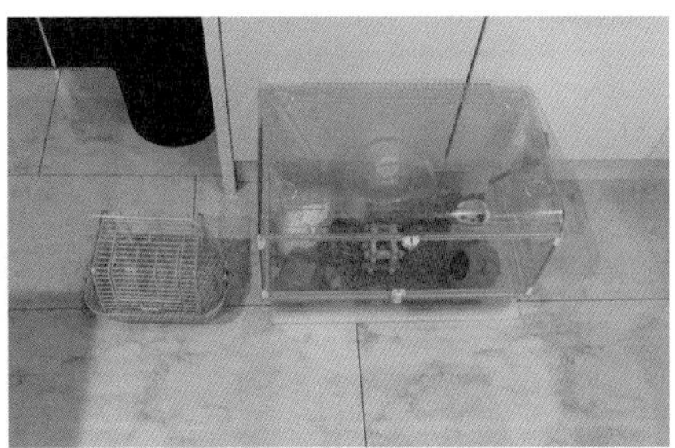

やはり動物の種類によって慣れの早い動物もいれば、慣れが遅い動物もいました。ハムスターは少し動揺しましたが、すぐに自分の巣の中に入って落ち着いた様子でした。セキセイインコはものすごく驚いていて、ずっとグルグル小さなケージを回っていました。

防災グッズを持ちながら小さなかご2つを持っていると、だんだん疲れてきて自分の体力が落ちてきました。また、防災グッズが重すぎて首のあたりが痛くなりました。まるで首をずっと下に向けていた時ぐらい痛くなりました。さらに、両手が塞がっていたので、もしも実際に地震が来たら、もっと木や瓦礫がいっぱい転がっていて移動しにくいだろうなと思いました。

まとめ

帰りには防災グッズが重すぎてお母さんに持ってもらいました。ペットたちにも命はあるのでそんなに乱暴に扱うことはできません。大事に扱いつつ自分の身も守りつつ避難していくことが大事だと思いました。

なんでも1人でやるのではなく、家族と共に協力しながら家族の命を守っていくことが大切だと感じました。　**（荻ノ迫 世愛）**

ペットに避難生活を体験させてみた！

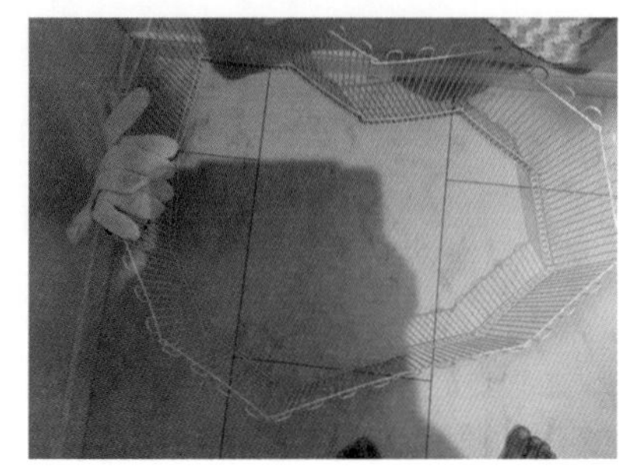

私には4種類のペットがいます。ペットとなる動物たちはそれぞれ性格などが異なります。例えば飼ったばかりのペットが全然慣れてくれずに、飼い主も避難するのに遅れてしまい、亡くなるケースもあるそうです。

そこで私は、実際にペットたちをケースの中に入れ、どのようにしたら快適にストレスを溜めずに避難生活ができるかを試してみました。

ハムスターは夜行性です。周りの避難者たちに迷惑をかけないようにどのような工夫をすればいいかを考えました。

ハムスターにとっては狭い場所はストレスがとても溜まりやすい場所です。だから休憩場所として大きな柵などを持って行くのが大切だと思います。そうすることで少し大きなスペースを設けられ、ストレスを少し和らげてあげられます。

インコの場合は、人間と同じ時間に活発に動きはじめるので、夜にはタオル等でケージを覆ったりし、たまにお菓子とかをあげたりすると少し落ち着くかなと思いました。

地震の時はペットだけでなく健常でない人も行動しにくくなります。自然災害の被害をゼロにすることはできないけど、災害が起きても命を守れるように事前にシミュレーションしておく必要があると思いました。

（荻ノ迫 世愛）

5 聞いてみよう 地域の防災

災害は自分1人だけの力で乗り切ることはできません。家族はもちろん、近所や地域の人たちと一緒に力を合わせて「共助」で災害を乗り越えていくことになります。いざという時にうまく助け合うことができるように、自分の住んでいる地域にどんな人たちがいるのかを知り、普段から交流をしておくことはとても大切なことです。また、どこにいる時に災害に遭うかはわかりません。自分が1人のときに家族に無事を知らせるにはどうすればいいのか、自分のよく行く場所でもしも災害に遭ったらどうすればいいかなどを家族と一緒に考えて決めておきましょう。

（元吉 忠寛）

地域の防災訓練に参加してみた！

2023年1月29日、大阪府高槻市の安満遺跡公園で行われていた「高槻市総合防災訓練フェス」に行って、実際に災害に備えてどのような対策をすればいいのかについて体験を通して学習してきました。

このイベントは、防災実地訓練などを行うエリアと、様々な体験ができるエリアに分かれていて、災害に備えてどのようなことが大切なのかについて、見たり、聞いたり、実際にやって感じることができるようになっていました。

総合防災訓練

警察、消防、自衛隊などの防災関係機関が参加して、大規模災害を想定した総合防災訓練がありました。

防災関係機関の隊員や特殊車両・ヘリコプター等が登場し、模擬家屋

からの救助等を行いました。観覧エリアから一部始終を見ることができ、救助が必要な人が壊れた家屋から運び出される様子、それぞれの機関が本部を通して連携する様子、救急車で医療機関に運ばれる様子などをリアルに見ることができました。

体験エリア

①地震体験車

地震体験車に乗って、実際に震度７がどのような揺れだったかを体験しました。

関東大震災の揺れを体験したら、立っていることが難しく、ずっと座り込んだままでした。実際にこの揺れが起きた時に冷静に考えることができるのかとても心配になりました。

②煙の体験

テントいっぱいに充満した煙の中をまっすぐ通り過ぎて、火災等が想定される実際の避難の時にどのように逃げればいいかについて考えました。

思った以上に前が見にくくて、ハンカチなどで押さえていないととても息苦しかったです。煙自体も怖いですが、目が悪くなったように前が見えなかったのにはびっくりしました。

特に知らない場所の避難は気をつけないといけないなと感じました。

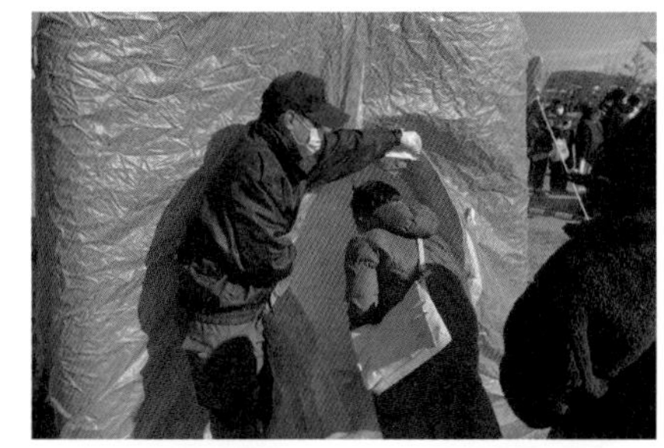

③ AED の体験

AED は、自動体外式除細動器といい、心室の細動で全身に血液を送れないとき電気ショックを与えて、正常な機能を回復させる装置です。

災害時には救急車の到着が遅れることが想定されるので、こうしてしっかりと学んで、いつでも使えるようにすることが大切だと思いました。

（村田 倫太郎）

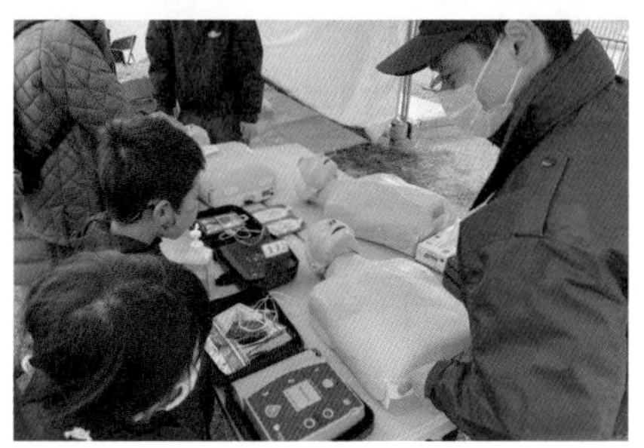

防災センターで聞いてみた！

防災センターの方への質問

防災センターとは、私たちの学校内で災害被害が起こった時に対応をしてくれたり避難所の管理などをされていたりするところです。その防災センターでは大阪府北部地震の時、どのようなことが行われていたのか気になったのでインタビューをしました。

質問

Q1. 大阪府北部地震の時に、学校内ではどのようなことが起こりましたか？

Ａ．建物的には大きな被害は出ず、いろいろな配線、通信関係がありますが、一斉に警報が鳴りました。監視盤は全て真っ赤になりました。エレベーターが止まったり、扉が閉まったり、そういう警報が一斉に鳴りました。

ちょうど、到着者（避難者）が１名いました。屋上でエレベーターなどの復旧作業が行われました。もちろん、警報は鳴っていますし、職員室などの対応も多かったです。火事はありませんでした。ガスなども自動的に消されるようになります。関西大学のガスは自動的に止めることができます。地震に強い建物であることが確認できました。建物には大きな被害がなかったため、生徒たちが安心して教室にいられるように対応しました。

私は、学校に３日間泊まりました。食料はコンビニエンスストアにもなくて、カップラーメンしか食べられませんでした。

Q2. 備蓄倉庫の点検は普段からどのようにされていますか？

Ａ．賞味期限やカビなどの点検は毎月１回行っています。学校のオープンキャンパスなどの際に開けて、確認をしています。

Q3. 賞味期限が切れると新しいものに入れ替えると思いますが、その入れ

替えたものは捨ててしまうんですか？

Ａ．ぼくたちが頂いたり、みんなに配ったりしています。捨てるのはもったいないから、賞味期限が切れるギリギリで入れ替えています。絆創膏などは配ります。

Q4. 地震が起きた時に、たくさんの避難者が来ると思いますが、ペットを連れてくる人への対応はどうされますか？

Ａ．基本的には、動物はNGになります。でも、どうしてもという場合はこちらで考えます。2018年の北部地震の時は、泊まるほどの避難者は来られませんでした。逆に帰宅難民の方がたくさんいて、駅のホームでビニールシートを張って休んでいる人はたくさん居られました。

Q5. 避難訓練は地域で行われると思いますが、それへの参加は？

Ａ．ここは社会安全学部なので、教育の一環として、行われています。

グラウンドに集まるなど、大学が主体でされているけど、2018年の北部地震の時はエレベーターの閉じ込めがありました。その時には、救出に２時間程度かかりました。インターホンで声掛けがその時にはできなかったので、その教訓を得て、救出訓練を年に１回行っています。消防訓練を大学と一緒に実施しています。

感想

北部地震の時、私たちは１年生で、教室で地震にあっていたけど、いつも見守ってくれている関西大学の防災センターの皆さんは周りが監視盤の赤に染められていて、たくさんの関西大学の中での被害の電話がかかってきていて、とても大変な状況だったんだなと思いました。

私たちがいつも学校に行っている間に24時間、見守ってくれている人たちや私たちが見えていないところで訓練や点検などを行っていることに驚きました。

そして、見えていないところで支えてくれていることに感謝です。

（渡邉 花音）

「人と防災未来センター」に行ってみた！

阪神・淡路大震災の時のこと

ぼくたちは被災体験された方の話を聞くために大きな部屋へ行き、ある動画を見せてもらいました。その動画は阪神・淡路大震災の時のもので、とても笑えないものでした。橋が完全に真っ二つになっており、寸前のところで落ちないバスも写っていました。その後に地震の時と同じように作られた建築物も見て、そこからその方の話を聞きました。

被災体験者の方の話

その方は地震で自分の家を失いました。仕事に行くにも、わざわざ遠回りをして行くことになり、とてもしんどい思いをしたそうです。

ぼくはまだ生まれていなかったので、震災の大変さはわかりませんが、話を聞いていると、相当しんどかったということが伝わってきました。

また、家だけではなく、家族や親戚などを失った人もいました。

ある家ではお姉さんが建物の下敷きになってどうやっても抜け出せない

状況になっていました。妹さんが助けようとしていましたが、もう火がそこまで来ている状態でした。その時お姉さんが「私はいいから、先に行って」と言い、妹さんは逃げたそうです。姉さんはお亡くなりになりました。今でも妹さんはお姉さんが最後

に残した言葉が耳から離れないそうです。

それは心も痛いことだし、とてもしんどかったんだと思いました。

災害当時の写真

ぼくたちは、話を聞いた後、災害当時の写真が置いてあるところに行きました。また、災害後に見つかったものや災害後に生き残った人が持っていた家や家族、ペットの写真が置いてありました。

災害後の写真やその土地が今となってはマンションになっているという写真も置いてありました。災害時潰れた家などを協力して片付けている写真もたくさん置いてありました。

人と防災未来センターに行ってみてどうだったか

人と防災未来センターは決して楽しいところではありませんが、阪神・淡路大震災を体験した人たちの苦しさ、悲しさなどを伺い知ることのできるとても大事なところなので、ぜひ行ってみてください。

一番見て欲しいところは、あの時の様子が180°のパノラマで見られる部屋です。そこでは阪神･淡路大震災当時の様子が、写真や被害状況のデータなどで記録した動画として見ることができます。そうして当時どんなことが起こっていたかを最初に見ます。そこから生き延びられた人の話――当時どれだけ怖かったかなどの気持ちを聞くのです。

人と防災未来センターには、外国人向けの手帳が置いてありました。

災害の時には（日本語での情報が得にくいために）外国人が亡くなることがあるそうなので、外国人向けの手帳が置いてあるのはとてもいいと思いました。たいていの手帳は英語や中国語、韓国語のものしかないけれど、「≒0」に近づけるためには、全世界の人向けのパンフレットや手帳を置いた方がいいと思いました。

（小山 翔）

通勤・通学電車内で地震に遭ったら

通勤・通学中の電車内で地震に遭うこともあります。ぼくたちが大阪府北部地震に見舞われたのも、朝の通学時間帯でした。ぼくは教室に着いた直後でしたが、乗車中だった先輩もいたと聞きました。

通勤・通学時の乗り物は地震に対して安全なのでしょうか？　また、乗車中に地震が発生したら、ぼくたちはどんな行動を取るべきでしょうか？

1. 列車の安全対策～地上在来線の場合～

乗務員は地震を感じたら即座に列車を緊急停止させ、指令室の指示を待ちます。JR 西日本の場合、指令室では地震計の計測震度が4.0以上で徐行、4.5以上になると運転停止の指令を出すルールになっています。他の鉄道各社でも一定の基準を超えると停止させるシステムがあるので、地上を走る在来線での脱線する危険はかなり少ないと考えられます。

2. 列車の安全対策～モノレールの場合～

大阪府北部地震の時、モノレール通学をしている友だちは、なかなか運行再開されずに苦労していた記憶があります。

地震直後、大阪モノレールは運行していた18本を緊急停止させ、通電確認の後、駅間にいた列車を駅まで移動させて1時間ほどで全ての乗客を避難させました。点検の結果、支柱などの構造物に大きな被害はなかったものの、車両や電気設備に多くの損傷があり、平常ダイヤに戻ったのは12日後でした。運行再開までの反省を活かし、今年度までの5年間で新たなルールを運用できるように取り組んでいるそうです。

3. 列車の安全対策～地下鉄の場合～

地下は地震の揺れに影響されにくい点から、地震に対する地下鉄の安全性は高いと考えられてきました。しかし、1995年の阪神・淡路大震災で、神戸高速鉄道の大開駅という地下駅はトンネルごと崩壊してしまったのです。これは震度7という激しい揺れが想定外だったためであり、これ以降地下トンネルの耐震補強が全国で行われ、大阪府北部地震でトンネル崩壊などの大きな被害はありませんでした。

4. 地震直後に取るべき行動

地震を感知すると直ちに列車が緊急停止するのは、安全上とても重要ですが、かなりの衝撃を乗客に与えます。

急ブレーキを感じたら、特に立っている人はすぐに吊り革や手すりなどをつかんで倒れないようにしましょう。満員電車で将棋倒しになると大変危険です。座っている人は、網棚や立っている人の荷物が頭上に落ちてくる可能性があります。列車が停止した後は揺れが収まるまで、スペースがあるなら立っている人は姿勢を低くします。乗客はそれぞれカバン等で頭を守り体を丸めて、万が一の衝撃に備えます。

5. 緊急停止後は落ち着いて

列車が停止した後は、乗務員からの車内放送を待ちましょう。指令室も被災しているので、すぐに列車は動きません。また、駅間の距離が長い鉄道ほど、線路の安全確認に時間がかかります。乗務員は指令室からの指示に従って列車を駅まで運行させたり、場合によっては、安全確認後にその場で乗客を下ろし、駅まで誘導したりします。勝手にドアを開けて線路を歩いたりすると、後続の列車は運行できなくなります。

こういう時こそ自分勝手な行動は取ってはいけません。ましてや、乗客全員を安全に駅へ届けるために頑張っている乗務員に暴言を吐いてストレス発散するなど、もってのほかです。具合の悪そうな人がいれば席をゆずる、時間制で座る人をローテーションする、窓を開けて空気を入れ替える、車内放送がわからない外国人に状況を伝えるなど、できることは多分たくさんあります。

「考動力」が試される時です。「共助」の心でお互いを思いやって行動しましょう。

（木村 真聡）

〈参考文献〉
BUSINESSINSIDER　https://businessinsider.jp/post-169735
JR 西日本 https://www.westjr.co.jp/smt/company/action/service/safety-transport/earthquake/
レイルラボ https://raillab.jp/news/article/13394
旅とまちなみとパインどうでしょう～［コラム］大開駅はなぜ崩壊したのか https://tabimachipine.com/7223/

テーマパークでは災害時どのような対応をするのか？

遊びに行っていた場所での疑問

私はよく友だちとテーマパークに行きます。しかし、テーマパークにいる時に巨大地震が起こったらどうなるのか気になりました。そこで友だちと一緒にテーマパークの中の地震対策を散歩しながら探してみました。

すると、小物などは倒れないように作る時から調整しているということがわかりました。これは、スーパーやショッピングモールなどでもしていると思います。そこから私は、お客さんに対してのテーマパーク特有の対応について知りたくなりました。

自分から聞いてみよう！

テーマパークで、その場にいたスタッフさんに聞いてみました。その後、ゲストルームに行きました。インターネットからの問い合わせもしました。電話もしました。しかし防災対策については何も教えてもらえませんでした。私は悔しくて諦めることができず、テーマパークに聞くのではなく自分で調べて考えてみようと思いました。

調べた情報

今回はユニバーサル・スタジオ・ジャパン（USJ）を想定して調べてみました。

USJ は海沿いにあり津波の危険性があります。また、主な出口がメインゲートしかありません。USJ ではメインゲートのあたりを「ハリウッドエリア」と言うそうです。そして少しでも津波から遠い場所、高い場所に行くために桜島の方の遊歩道に行くと私は考えました。しかし実際に何分かかるかはわかりません。そこで一番遠いジュラシックパークエリアから歩いてみることにしました。

（寺井愛理）

USJの中だけで何分かかるか、
歩いてみました！
すると**12分**かかりました！

USJ の外から桜島までは？

まさかの
7分かかりました
合計１９分

スロープを上がると
遊歩道！

「こんなときどうするの？」（＝シチュエーション防災）という頭の中のシミュレーションをしておくことは、とても重要です。企業や組織・団体は、それぞれ「防災マニュアル」や「事業継続計画（BCP）」を策定して、利用者や従業員の安全を確保するための準備を急いでいます。しかし、まだ十分とはいえません。いろいろなパターンが想定されるので、「こんなときどうするの？」という疑問に、大人であっても困ってしまうのです。ぜひ、いっしょに知恵を出し合いましょう。（近藤 誠司）

一人で家にいるときに地震が起こったら

旅行中、通勤、通学中など、地震はどこでいつ起こるかわかりません。1人で家にいる時も然りです。（子どもの場合は特にそうですが）1人で家にいるときに地震が起こりパニックになって、正常な判断ができず、家族や友だちに会えなくなったり死んでしまったりするかもしれません。親に聞き、家の周りや気をつける点についてチェックしてみました。

①連絡の取り合い方について

家族と合流する、正常な判断をするためにも、家族と連絡を取り合うことは欠かせません。「行く避難所を先に決めておき、もし会えなかったら伝言板を書く」や、「できるだけスマホを持つ」「近所の人に伝言を頼む」など、家にもよりますが色々な方法があります。

②にも含まれますが、家が崩れるくらい大変な状況になるまでは家にいる、と決めておいてもよいでしょう。

②どのような場合に家から避難するか

「近隣で火事が起こったり、大きな揺れが起こったり家が危険な状況だと判断したら家から出る」「小さな揺れでも念のため市や町の避難所に避難する」等、危険の度合いに応じた避難について話し合っておきましょう。

③家から避難しなければならない時はどこを目的地にすればよいか

近くの公園や、近所の大きなショッピングモールなどの避難所以外に逃げる場合も考えておきましょう。

④1人で家から避難する時にすること

戸締まり、ガスの元栓閉め、ブレーカーを落とすか落とさないかなども意思疎通しておくことが大切です。自分にできるか（背が届くか）、しなくてもいいかなどについても考えておきましょう。

⑤避難する時に持っているべきもの

スマホ、鍵、着替え、飲み物など避難時に持ち出すべきものはたくさんありますが、避難所での生活よりも命が一番大切です。持ち出す優先順位や、時間がない時などについても話し合っておきましょう。

⑥家にいない（家から出て避難した）ことを家族に伝える手段について

書き置きをする、というのが有名です。書き置きの中には、今どこにいるか、何を持って逃げたかなどを書いておきましょう。よほど時間がなくて危ないときには、シール（避難したことを知らせる、先に話し合って決めておいた目立つもの）を貼るという選択肢もあります。その他にも、それぞれの家で大切にしていることも決めておきましょう。

家族で認識を共通させておくのは大切だから、できるだけやっておこうと思いました。ハザードマップは大切だと思いました。

避難場所を決める時はハザードマップを利用し安全なところにしましょう。

避難したことを決める（比較的単純な）シールを決めましょう

（的場 遼一）

備蓄や防災グッズを揃えることと同じくらい、「考えておくこと」も大切です。様々な可能性を考えておくことが、冷静さと適切な判断を可能にします。（菅 磨志保）

地震について家族会議をしてみた！

災害が起こった時、家族が慌てずに行動できるように、実際に災害が発生した時のことを想定して、家族会議を開きました。

1）一人ひとりの役割分担を決めた。4人家族なので、父が弟と、母がぼくと避難するように決めた。

2）家の危険箇所をチェックした。倒れてきそうな家具の近くには寝ないことや、懐中電灯を枕元に置いておくようにする。

3）非常持出品・備蓄品をチェックした。防災リュックの場所や、中身の賞味期限を確認した。

4）災害時の連絡方法や避難場所を確認した。避難場所は、近くの小学校の体育館の入口とし、経路はバス通りを通るようにした。家族みんなで下見がてらに一度歩いてみた。

5）避難所までの移動する道が何通りもあるので必ず人通りの多いバス通りを使う。自宅に1人でいるときに被災して危険だと判断した場合、準備している防災リュックを背負ってスニーカーを履いて避難所へ向かう。自分の身の安全を第一に考えて、それぞれ自分自身を守る。

事前に準備をしておくことの大切さを改めて感じました。

また、隣近所で声を掛け合うことも重要であると思います。自分たちが困っていることや、ご近所さんが困っていることがないかなどを共有できるように声を互いに掛け合っていきたいと思います。

（田中 颯真）

実際にやってみて話し合ったことをまとめたメモ

名前　　田中颯真

もし1人で家にいるときに大地震に遭ってしまった時(電気、ガス、水道、携帯等の電話及び通信がすべてダメになってしまっていることを想定)

①どのように連絡を取り合いますか？(安否確認、書き置き、目印)

家を離れる時はどこに避難をするか書き置きをして出る。避難所に避難すると決めているが、道が塞がれていたりした場合は近くの祖母の家に避難場所として移動する。

②家がどのような状況であれば「1人で家から避難する」判断をすればいいですか？(家が傾いている、家の中がぐちゃぐちゃ、ガスや煙の匂いがしたらなど

家が傾いていたりガスや煙の匂いがしたら危険なので家の外に出る。

③家から1人で避難しなければならない時、どこを目的地にすれば良いですか？(近くの公園、避難場所(学校)など)

避難場所(学校)に避難する。

④ 1人で避難しなければならないときの、戸締り、ガスの元栓閉め、ブレーカーを落とすなどはどうすればいいですか？(子供でも可能か、しなくてもいい、など)

戸締りだけして出る。

⑤ 1人で避難しなければならない時、どのように家にいないこと、避難したことをおうちの人に知らせたら良いですか？(張り紙、書き置き、目印等スペース※ただし、防犯の観点にもご留意の上ご家庭にてお考え下さい)

ダイニングテーブルの上に書き置きをしておく。

⑥避難までに余裕がある場合、どんな格好で、何を持って1人で避難すればいいですか？(服装、持ち出し袋、貴重品等スペース※季節、天候による違いを考慮していただければありがたいです)

冬は出来る限り厚着をして、お財布と家の鍵を入れて防災リュックを持って、走れるようにスニーカーを履いて出る。雨の日は防災リュックの中にあるレインコートを着て出る。

⑦その他ご家庭の中での約束事、決めていること、大事にしていることなどありますか？

もしも玄関の扉が地震のせいで開かなくなっていたらダイニングテーブルに置いている書き置きを親が見ることができないのでマリオカートのハンドルを玄関の前に置いておくことで避難所に向かったということを知らせる。

家の近くの施設で、地震が起きたらどうする？

イオン編：BCPプロジェクト

イオングループでは、東日本大震災以降、被災地域を含む、全国各地で防災対策を実施しました。例えば、地震や異常気象による集中豪雨などの災害が増加するとともに、テロや爆発事故など、想定されるリスクが多様化し、いかにBCPを機能させるかが重要な課題となっています。

https://www.aeon.info/bousai/

だから、「人々の生活を支える整備」、「施設における安全・安心対策の強化」、「商品・物流の強化」、「事業継続能力向上に向けた訓練計画の立案と実行」、「外部連携の強化とシステム化」の5分野でBCPをよくしようとしています。

※BCPとは・・・事業継続計画ということ。自然災害やテロ、システム障害といった危機的な状況に置かれた場合でも、業務が継続できる方策を用意し、生き延びることができるようにしておくための計画。

バルーンシェルター

地震などの際に被災者の避難スペースとして利用できる緊急避難用大型テント「バルーンシェルター」の配備を進めています。

https://www.aeon.info/bousai/

コンサート編：公演中での行動

みなさんはコンサートの公演中、もし地震が起こったら、どう避難するのかわかりますか？　学校や、職場での行動・対応はわかるけれど、公演中での行動・対応はわからない人が多いと思います。

どんなに大きい地震が起きても、まずは落ち着きましょう。大きな揺れの場合は公演が一時中断されると思います。初めに、観客へのアナウンス・呼びかけが行われます。スタッフが言うことに従い、外に出ましょう。

揺れが小さく劇場内外で特に被害がない場合、余震や観客の様子を踏まえて公演関係者で再開または中止を決定します。

アナウンス例

「ただいま地震が発生いたしましたので、公演を一時中断しております。落ち着いて新しい情報をお待ちください。」

避難訓練コンサート

最近は、コンサート時の避難訓練ができるところが増えています。さらに、防災関連のパネルやグッズを展示したり、起震車による地震体験を実施したりしています。

学校や職場でしかやったことのない避難訓練をコンサート中にするのは、滅多にないことだと思います。参加費は無料なところが多く、たくさんの人々に来てほしいと思っています。だからこそ、避難訓練コンサートをやってみてはどうでしょうか。

https://newsdig.tbs.co.jp/articles/obs/670566

（髙水 悠衣）

KyuBo（きゅうぼう）の活動紹介と災害時の応急手当

市民救護防災団体 KyuBo 川本 柊さん

● KyuBo（きゅうぼう）の活動

KyuBo では「救護」と「防災」の分野について日々勉強し、活動しています。

救護では、お祭りや花火大会などのイベントで怪我をしたり体調が悪くなってしまったりしたお客様に対して、救護所への搬送・応急手当を行います。また、救急車が必要と判断した場合には迅速に119番通報を行い、救急隊到着までの間適切な応急手当を行い、救急車を待ちます。

防災では、災害時に KyuBo が活動できるよう防災備蓄を考えたり、発災後早期に活動が始められるよう発災時の活動マニュアルを策定したりしています。また、防災施設の見学や地域防災訓練への参加を通して地震や風水害といった様々な種類の災害に対する学びを深めています。

みなさんは、イベントに遊びに来た時に大切な家族や友だちがけがをしたり、体調を崩してしまったりした時に助けてくれる人がいなければどう思いますか？　私は不安です。救護は、沢山の来場者が来る大きなイベントだけでなく、町内会の小さなイベントでも必要であると考えています。そして、イベント会場をお客様が安心して楽しめる場にするだけでなく、何かあったときにすぐに対応できる存在でありたいと考えています。

救護班が初期対応を行うことにより、傷病者の緊急性が高いのか低いのかを判断することができます。これは、全ての救護事案で救急車を呼ぶのではなく、必要であるのかないのかの判断を医療従事者が行うことで、救急車を正しく使うことにもつながります。

応急手当の知識を身につけておくことは災害時にも役立ちます。災害時は一度にたくさんの被災者が医療を必要とするため、資源が不足しがちです。そのため、十分な医療資源が来るまでの間、周囲の人たちで助け合う必要があります。

災害時の応急手当についてお話しします。災害の種類にもよりますので、ここでは地震災害に絞ってお話しします。

巨大地震が訪れたとき、倒壊した建物の下敷きになってしまったり、割れたガラスや崩壊したブロック塀、落ちてきた瓦に当たったりして怪我をする人が出てきます。市民が対応できるものには、擦り傷や骨折した手足に対する固定、出血に対する直接圧迫止血、心肺蘇生法などがあります。

応急手当を行う上で、大切なことが２つあります。

１つ目は、助ける側の人の安全が確実かどうかです。危険を伴う場所や環境では、むやみに介入してはいけません。もし自分もけがをしてしまったら、結果的にけが人が増えてしまうためです。また最悪の場合、命を落としてしまう可能性もあります。

２つ目は、手当を行う人が血液等で汚染されないよう、ゴム手袋やビニール袋で自分を守ることです。血液に直接触れると、病気が自分に移ってしまうことがあるからです。擦り傷に対しては、綺麗な水で傷口を洗います。傷口が綺麗になってから、絆創膏や滅菌ガーゼ、清潔な三角巾で傷口を覆います。傷口を覆うことで、そこから細菌が入り込んで傷が悪化したり、傷の治りが遅くなることを防げます。出血に対する直接圧迫止血は、体の外に血液が出てしまうことを防ぐために行います。方法は、滅菌ガーゼや清潔なタオル、ハンカチ、三角巾などを出血部位に強く当て、10分以上押さえ続けます。多くの出血はこの直接圧迫止血で止まるため、直接圧迫止血で止血できないときには、すぐに医療機関に運ぶ必要があります。

災害時に多い怪我の応急手当についてご説明しました。今日、明日起こるかもしれない災害に備えて、皆さんも応急手当について勉強していただき、一人でも多くの人をあなたの手で救ってあげてください。

市役所の災害対応について聞いてみた！

高槻市役所危機管理室のみなさん

●高槻市役所　危機管理室

市役所の危機管理室の方に、防災のことや大阪府北部地震の時の対応について聞いてみました。危機管理室とは防災のことはもちろん、警察の人と協力して、地域の見守りをしている部署です。他にも、国民保護や電車、車などの大きな事故の対応もしているそうです。

●地域の人は避難してきた？ 避難所生活者への対応は？

北部地震の影響はそこまでひどくなかったので、市役所に避難してきた人はあまり多くなかったそうです。けれど、今まで市役所に避難してきた人の中では一番多かったとのことでした。

避難所には最大１か月も避難所生活をしていた人がいたそうで、市役所から避難所生活をしていた人へ代わりの家を用意したそうです。

●北部地震後の地域の防災とは？

大きな地震の後には余震が起きる可能性があります。

地震後の余震でブロック塀や壁が倒れてきたら危ないので、人がブロック塀や壁の近くに立ち入りしないようにカラーコーンを立てたり、壁に黄色は要注意、赤色は危険と紙を貼り、近づくと倒れてくるかもしれないと危険度を示したりしているそうです。

●災害で通信機器が使えなくなった場合の情報発信は？

北部地震では、通信機器が止まるような大きな影響はありませんでした。しかし、2018年７月に大雨があった際は、高槻の北の方に大きな影響があったそうです。

その時は北の方にトランシーバーを整備していたそうです。トランシーバーは電気を活用して使いますが、大雨の影響で電柱が折れてしまい、ト

ランシーバーを使えなくなっていました。ただし、電柱が折れても使えるように、衛星携帯電話というものも整備していたそうです。

衛星携帯電話とは、衛星を通して使うもので、大雨の影響がないため、衛星携帯電話を使って連絡をしていたということです。

他にも、無線のスピーカーで地域の人に情報を発信していたそうです。

●南海トラフ地震への対策は？

南海トラフ地震が発生すると、高槻市民約35万人の内、約６万人が避難所生活を送るとされています。３日間６万人の食料を整備することは不可能なため、６万人の３食分だけを備蓄し、その後の対応に関しては、食料を持ってきてくれる業者と協定を結んでいるそうです。

備蓄しているのは食料だけでなく、赤ちゃんのためのオムツ、高齢者の方は、硬い食べ物を食べにくいため、柔らかい食べ物の整備などをしているそうです。

他にも、高槻市の全小中学校に、災害の時でも使えるマンホールトイレの整備をしています。また、建物や道路、壁が地震で崩れてきたり、破損をできるだけ減らすために、耐震化を進めています。耐震化を進めているのは建物や道路や壁だけでなく、地下に埋まっている水道管も耐震化しているそうです。水道管をカチカチにすると折れやすくなってしまうので、少し柔らかくすることで、折れにくくすることができるとのことです。

●防災訓練などを行っている時の気持ちは？

南海トラフ地震は30年以内に起こると予測されています。年が進んでいくごとに、南海トラフ地震が起きる確率は上がってきているのです。それ以外にも、年を追うごとに雨の降る量や回数が増えてきています。

誰しもが地震が起きても自分は大丈夫だと思っています。しかし、そこに根拠はありません。

防災イベントなどを行うことによって、１人でも地震に対する意識を高めてほしい。自分は関係ない、自分には影響ないという気持ちをなくしてほしいと思っています。

●**感想**

私はいつも通学の時電車に乗っていたり、道路を歩いたりしています。その道路も、地震の時にすぐ崩れてこないように、市役所の人たちが耐震化してくれていたことに驚きました。私たちがたんに歩いているところなどを整備してくれていることを知り、とても感謝しています。

私たちも、心のどこかで、私は防災バッグも用意しているし、安心と思ってしまいます。だけど、南海トラフ地震は、私たちが思っている以上に大きな地震です。いつ地震が起こるかわからないけど、いつも、地震のことについて意識しないといけないと実感しました。そして、市役所の人たちが耐震化してくれていることなどに感謝しないといけないと思いました。

（奥田 真理奈）

6 先ずは知ろう 災害時要配慮者

　災害の時に配慮や手助け（支援）を必要とする人たちがいます。どのような配慮や手助けが必要となるかは人によって本当に様々ですから、その人に必要な配慮・手助けは何なのかをよく理解してあげましょう。

　配慮・手助けを必要とするのはどのような人たちでしょうか。多くは高齢者、小さな子ども、妊婦、重い病気の人です。視覚・聴覚・肢体に障がいがある人たち、内臓に障がいがある人たち、心に障がいがある人たちにも配慮や手助けが必要です。また、アレルギーや宗教上の理由などで特定の食物をとることができない人たちにも配慮や手助けが必要です。さらに、外国人旅行者を含めて日本語をよく理解できない人たちにも配慮や手助けが必要です。

（土田 昭司）

目隠しをして廊下を端から端まで歩いてみた！

知らなかった視覚障がいの困難さ

私はずっと視覚障がい者の苦労を知りませんでした。しかし、街を歩いていたら、駐輪禁止のエリアに自転車が置いてあり、視覚障がいのある人がその自転車にぶつかって困っているのを発見し、「あれはダメだ」と思いました。

「障がい」というのには目で見てわかることと、目ではわからない障がいを持っている方もいるので、視覚障がい者や聴覚障がい者の苦労を知ろうと思いました。もし自分もこうなっていたらどんな苦労をしていたのだろうか。そういう思いから、自分も苦労を知ろうと思いました。

平成19年の資料では、バリアフリーやユニバーサルデザインが全国に全然ないことを知って、自分がもし同じ立場だったらどれだけ苦労するだろうか。そう考えました。

廊下なら、ギリギリ1人でも歩けるだろうけど、避難所まで時間がかかるところに家があれば、どんなに苦労するのだろうか？　障がい者ではない私たちは、目が見えて、耳が聞こえるのが普通です。そのため、目が見えないと廊下を歩くだけでも辛いです。それを毎日感じている障がい者の気持ちになってみると、確かに「仕方がない」と言うはずです。

しかし「仕方がない」と言うだけではダメなのです。私たちができることは、まず障がい者の苦労を知ることです。当たり前と感じていることと、日常の普通から一度離れて、障がい者の方になりきって、どれだけ最初難しいのかを体験してみます。何がどれだけ怖いのか、苦しいのか、難しいのかを知ってみるだけでも、分かち合えるようになるのではないかと思い、やってみることにしました。

苦労を少しでも知れた！

廊下を実際に歩いてみて、何も介助なしでこんなに苦労したのは初めてでした。障がい者の方はこの何倍も苦労しているので、少しでもわかって、苦労している気持ちを広げていきたいです。

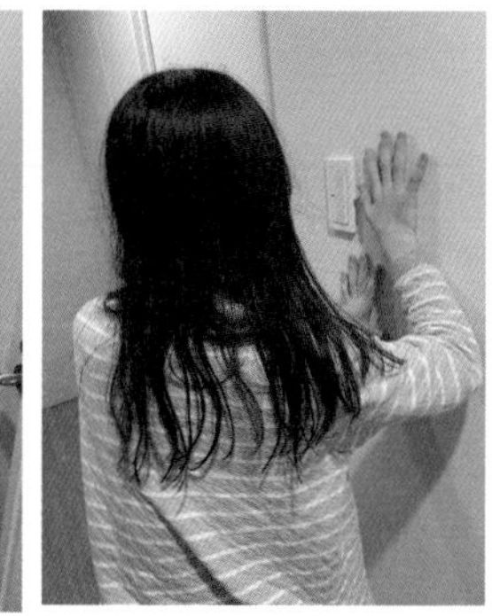

介護も杖も何もなしで歩いた。

杖（白杖）がどれだけ大切なものなのか？　よく点字ブロックの上に立つ方。点字ブロックと白杖だけが唯一の助けになります。少しでも気遣いを大切に、気持ちを分かち合って欲しいです。

そしてもう一つ、皆さんは「障がい者」と書く時に、「障害者」と書いてしまっていませんか？たった1字「害」と入れるだけで大きな差別につながります。「障害がある人はグラウンドに出たらダメ」「障害者だろ？」と言われたり。「害」とつけるだけで、大きな差別になっています。差別なく、みんなが分かち合っていけるように、字は「がい」とひらがなで記入してください。

私たち（障がいがない人）は今の生活が「普通」かもしれません。しかし、障がいの方も、今の生活が「普通」です。「害」という漢字を極力無くすようになれば差別が少なくなり、分かち合える環境になるかもしれません。

視覚障がい者に限らず、聴覚障がい者の方や、骨折していて体を動かすことに障がいがあるという「障がい者」もいらっしゃるのです。少しの私たちの気遣いで、差別などがなくなります。なので差別なく、障がい者の方全員に気遣いをしてみてはいかがでしょうか？

（村田 万美子）

耳が不自由な人の苦労を体験してみた！

やってみようと思ったきっかけ

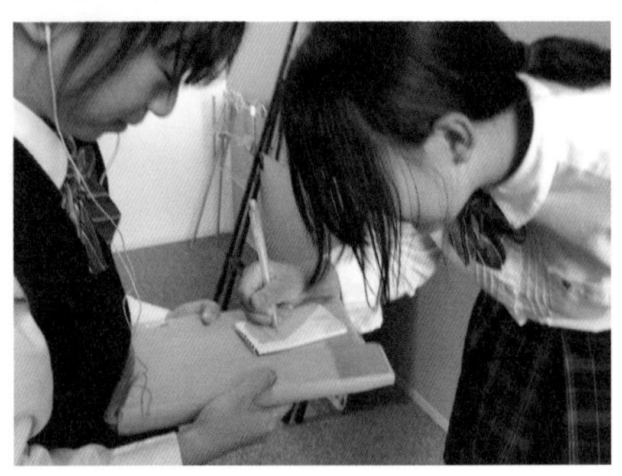

耳の不自由な人がどんな苦労をしているのか、人に話が伝わらない時にはどんな行動をするのか……。

耳が不自由な人は、コミュニケーションがとれているのかが気になったので、実際に自分が体験してみたいと思ったのでやろうと思いました。

実際やってみて

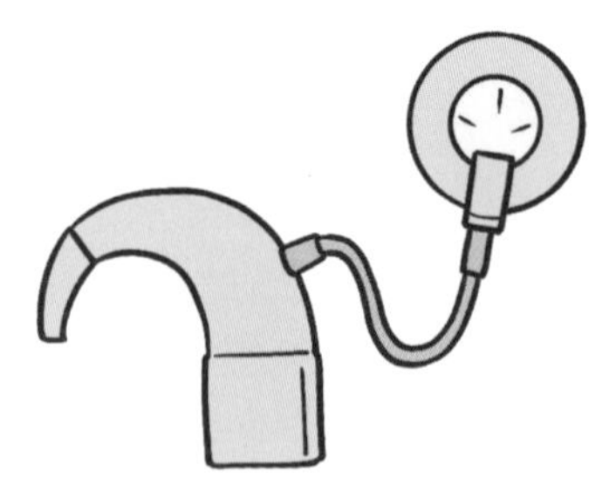

耳が聞こえない状態で人に話しかけられても、口の動きを見るか手話をしてもらうかしか方法がなくて、そのどちらも私には難しかったので、紙で伝える方法をやってみました。

やってみたことで、災害の時には、紙とかで情報を伝えている時間がないから、耳が不自由な人は、本当に大変な苦労をしているというのを実感しました。

耳が不自由な人は、補聴器や人工内耳といって耳が不自由な人が耳につけるものを着けていることがあります。

しかし、これを着けても聞こえにくい人がいたり、急な避難で着けられていない人がいたりします。

その時には絵や紙やメモで伝えることがいいと思います。

まとめ

耳が不自由な人は、自分の思いが伝わらないため人とのコミュニケーションが取れないので、犬(聴導犬)、手話、メモ、紙、補聴器を使って人との会話やコミュニケーションをとって人と話すことをしています。

実際やってみた時は、イヤホンを着けてやってみましたが、耳が不自由な人は、もっと苦労しているのかもしれないと思いました。自分の気持ちを伝えるのが精一杯な人たちが沢山いるということが、やってみてわかったことです。

障がいのある人は、私たちみたいに普通の生活ができないため、私たちより苦労しているということがわかりました。

(近藤 伶音)

耳が不自由な人や日本語がわからない人たちと災害時にやりとりするために、「コミュニケーションボード」というものが開発されています。簡単なイラストが描かれていて、それを指さしながら、何について困っているのか確かめます。また、最近は、スマートフォンの機能(文字表示・自動翻訳など)を活用することで、コミュニケーションがとりやすくなってきました。ぜひ、確かめてください。　(近藤 誠司)

車椅子で移動してみた！

道端で車椅子を使っている人を見て

ある日、家族と車でお出かけしている時、車椅子を使っている1人の男性を見つけました。ソワソワしている様子だったので、どうしたのかなとしばらく見ていると、その男性は、急な坂道に困っているところでした。しかし、私はこれから家族で遊びに行くため、助けることができませんでした。

その頃、私は学校で防災のことについて学んでいる最中でした。授業中、車椅子に乗っている男性に会ったことを思い出し、「もし災害が起きた時、あの人は命が助かるのだろうか」と思いました。

今回は、車椅子を使っている人が避難をする時、どれだけ大変なのか、そのような災害弱者を助けるか、助けないかでどれだけ違うのかを知るために、実際に車椅子に乗る体験してみました。

協力してもらうと…

体験した場所は、学校のグランドの前の広い駐車場です。駐車場の床がレンガで、ゴツゴツしているところや、レンガが盛り上がっている坂があります。

車椅子で移動してみました。ゴツゴツした床14mを1人で移動すると約17秒、友だちに協力してもらって移動すると約9秒でした。友だちに協力してもらっただけでこんなにも時間が短縮することがわかりました。

車椅子に乗って思ったこと

車椅子に乗って思ったことを一言で言うと、「このままではほとんどの人が死んでしまう！」です。今回体験した場所の床は、まだ平らな方ですが、実際に災害が起こると、道端には、道具のかけらや窓ガラスの破片など、とがっていて、危ないものがたくさん落ちています。そう考えると、実際に逃げる時、車椅子のタイヤの空気が抜けて動かなくなったり車椅子が傷ついたりするので、とても逃げにくいと思いました。

災害時には、自分の命を自分で守る「自助」が一番大事です。しかし、車椅子に乗っている人は、自助をしたくてもできません。この体験をやって思ったことは、自分に少しでも余裕があったら、自助ができない人を助けるという共助も大切だということです。

共助によって被災者を少しでも減らすことはとても重要なことだと思いました。

私も、避難所に逃げる最中、車椅子だけでなく、もしも体の不自由な人を見かけたら助けようと思いました。

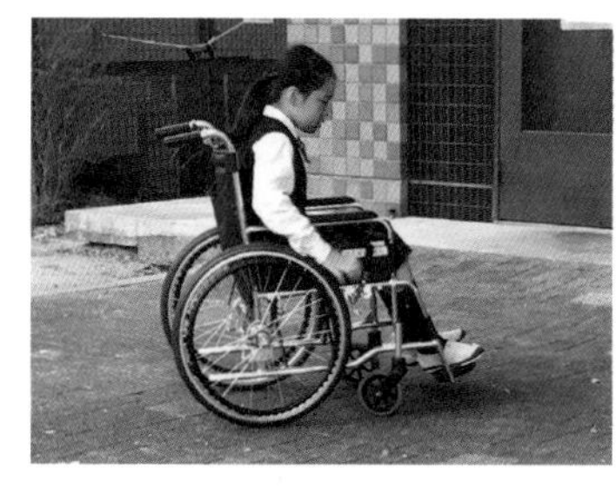

00:16.43

00:08.66

介助がある方が早いだけでなく、安心・安全

（福田 絢菜）

幼児が災害時に必要なもの

どのような物を用意するか

まずはオムツやウエットティッシュ、離乳食、タオルも必要です。それに母子手帳も忘れてはいけません。着替えも必要でしょうし、歩けるなら靴も入ります。

あと忘れてはいけないのがカイロです。なぜカイロがいるかと言うと、カイロは離乳食を温めたり赤ちゃんを温めたりすることができるからです。

赤ちゃんの体調

避難所では体調に気をつけなければなりません。特に赤ちゃんは気温の変化に弱いので、体を包むためのタオルや体を温めるためのカイロが重要です。

また、吐いた時のための袋や体温計も必要です。

親の負担

赤ちゃんを抱いていると、身体にかなりの負担がかかってきます。実際にぼくも妹を抱いて寝かしつけたことがありましたが大変でした。

抱っこ紐などがあればよいですが、ない時のために、エコバッグで代用するといいかもしれません。

作り方は、赤ちゃんの足のサイズに合わせてエコバッグの底を切るだけです。この時のコツは赤ちゃんの足より少し大きめに切ることです。あと足を入れるところにタオルを敷くと赤ちゃんの負担が少なくなります。

赤ちゃんを泣き止ませる方法

例えば防災バックの中に子どもの好きなキャラクターのフィギュアや人形を入れてみてもよいかもしれません。

実際にやってみると、妹が泣いていたのが用意したアンパンマンのおもちゃを渡すと、はしゃいで元気になりました。

食べ物

成長すれば問題ありませんが、まだ小さい時は避難所で配られる物は食べられないことが多いので、水で柔らかくしてあげないといけません。実際にぼくの妹が小さい時はご飯にお湯を入れて食べていました。

その時の経験から、水を少し多めに持っているとよいかもしれないと思います。でも、水をたくさん持つのがたいへんだったら早く逃げたほうがよいでしょう。なぜなら防災バッグより命の方が大切だからです。

寝泊まり

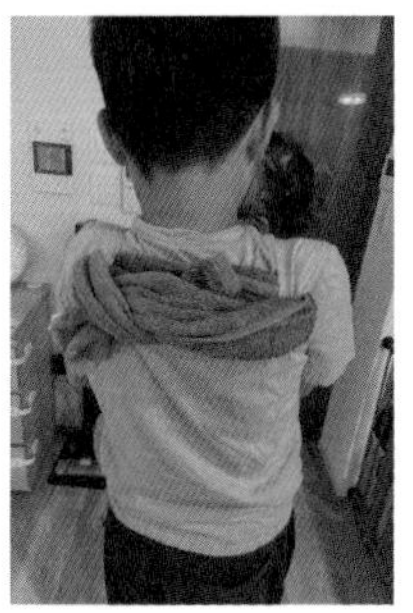

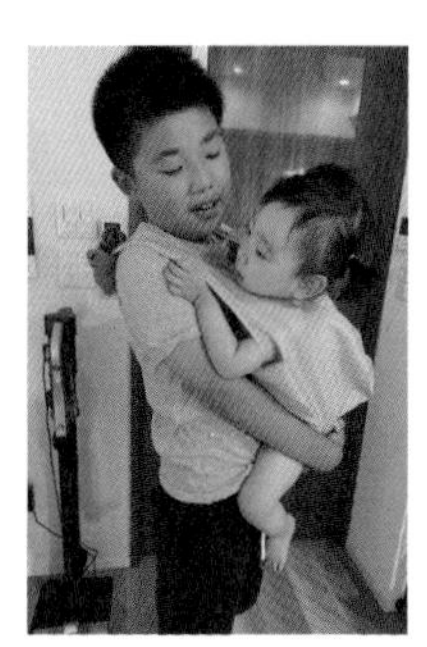

子どもを連れて避難所で寝泊まりしていると、子どもをさらっていくような悪い人がいるかもしれません。寝る時は子どもと自分の手を紐で結ぶなどのことをしておくとよいと思います。そのための紐を入れてもよいと思いました。

（内海 寛治）

「災害弱者」とは

プラスワン防災　坂本真理さん

災害弱者とは、災害峙に安全を確保するのが困難と思われる人のことで「要配慮者」や「災害時要支援者」などと呼ばれます。高齢者や障がいのある人、乳幼児や妊婦、日本語が得意でない外国人や、その場所の地理に弱い観光客などが挙げられよす。必要とされる支援が多岐にわたり、それぞれに事前の対応を検討されているところも多くありますが、個別対応となることが多く、複合的な支援となるとまだまだ課題が残ります。例えば3世代同居などで、高齢者も乳幼児もいるご家庭や医療的ケアが必要な乳幼児などの場合です。

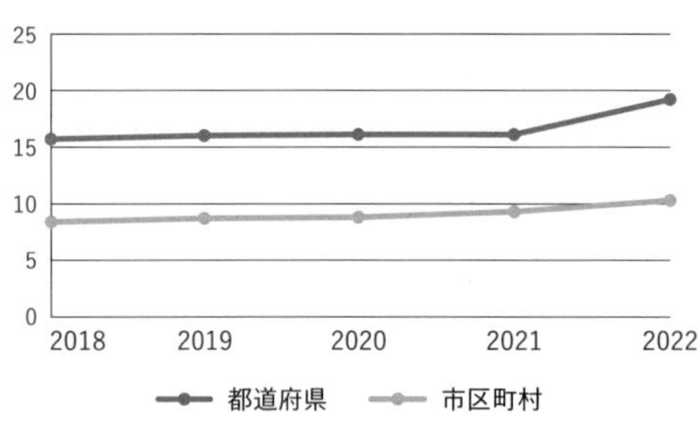

地方防災会議委員の女性割合の推移
男女共同参画白書令和5年版
を参考に著者作成

	2018	2019	2020	2021	2022
都道府県	15.7	16.0	16.1	16.1	19.2
市区町村	8.4	8.7	8.8	9.3	10.3

地方防災会議委員の男女比にこれほど差があるようでは、複合的な防災課題の検討に広い視野を持って望むことが困難です。政府は2025年には都道府県、市区町村とも30%になるよう目標を定めていますがそれでもまだ3割です。

また、コロナ禍で犬やねこなどのペットを飼う家庭が増えましたが、ペットがいるご家庭も災害時には避難に困難を抱えることが多いことが予想されます。経済的に困難であること、コミュニケーションの課題や地域との関わりが少ない働く男性、女性ならではの必要物資など、「災害弱者」の定義は幅広く、誰もが何かしらの課題を抱える可能性があり、一部の人たちの問題ではないことを念頭に置き、検討していかなければなりません。

1995年に発生した阪神・淡路大震災のときの避難所の様子です。このときには「屋内で身を寄せ合うだけでもありがたい」と感じる人も多かったようですが、「人が生活する場」として人道的ではありません。
　国連は災害や紛争があっても、被災者や難民が人間的に安全に生活できる権利があることを明確に認めています。

写真提供：神戸市
阪神・淡路大震災「1.17の記録」

「スフィアプロジェクト」を調べてみよう！

　災害のときだけ困るのではなく、普段から困りごとがあることが多いので、災害時のときの支援のみを検討するだけではなく、普段の生活の支援と災害時の支援を続けて考えられるよう、支援を検討することが重要です。すなわち、人権問題と密接な関わりがあります。誰もが尊厳を持った生活が続けられるよう、人権を尊重することが大切だと意識することが大切です。

ネパール人学校の友だちと防災について話し合ってみた！

私たちは、東京にあるエベレストインターナショナルスクール・ジャパン（EISJ）というネパールの子どもたちが通う学校と交流をしています。

Zoomを使ったオンラインミーティングで交流を重ねる中、どんどん仲良くなっていきました。

交流と「災害被害≒0プロジェクト」

EISJの友だちと交流しているのと同時に、私たちは、「災害被害≒0プロジェクト」も進めていました。

ネパールと日本の共通点は「地震が多い国」であること。2015年にはネパールで大きな地震がありました。私たちは2018年に大阪府北部地震を経験しています。

EISJの友だちと防災について話し合ってみることにしました。

ネパール大地震が起こった当時、EISJの子どもたちは3歳でした。そこで、彼ら彼女らの親や親戚の人に当時の様子を聞いてもらいました。

私たちは他国の地震のことについて聞くのは初めてだったので、新鮮でした。私たちが学んだことを伝える時には、紙に文字やイラストを書いて、言葉がわからなくても相手に伝わるように工夫しました。

ネパールの地震への認識

私たちは地震が多い国だから、きっと地震に対する備えや対応がきちんとしていると思い込んでいました。しかし、ネパール地震の当時、避難所というものがなかったそうで、お母さんと屋根のない外で一晩過ごした子もいたそうです。

また、建物から離れて逃げるという考え方もあまりなかったことから、建物に戻ってしまい、そのほとんどが弱いつくりだったことから、建物が

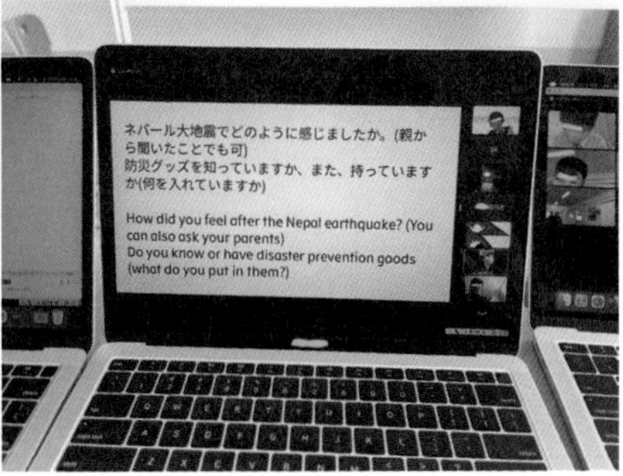

崩れて下敷きになり、亡くなった人もいたそうです。地震への備えはどの国でも大切だし、協力して進めていかないといけないなと思いました。

（長昌 里奈）

生活や文化が異なる人との交流は、自分達の「当たり前」を見つめ直し、対策を考えるきっかけになりますね。（菅 磨志保）

日本で暮らす外国人の声

（エベレストインターナショナルスクール・ジャパンの先生たち）

● 2015年ネパール大地震について

大地震のとき、カトマンドゥにいた。時間も覚えていて11:30ごろ。部屋で座っていたらとにかくなんだかわからないけど衝撃があって、急いで外に出た。外に出ると壁がすでに壊れていて、地面が大きく揺れていた。

カトマンドゥでは地震のすぐ後に大きな余震もあり、家に戻れなかった。直後に少し離れたところにいた父と電話し、歴史的な寺院などの古い建造物が崩れてしまったと知った。その日から二週間程度はすぐ近くに建てたテントで生活していた。この地震のすぐ後には、災害復興のボランティアが海外からも多く来て、近くの被害の大きかったエリアで一緒にボランティア活動をした。当時の友だちとは今も繋がっている。　**（A先生）**

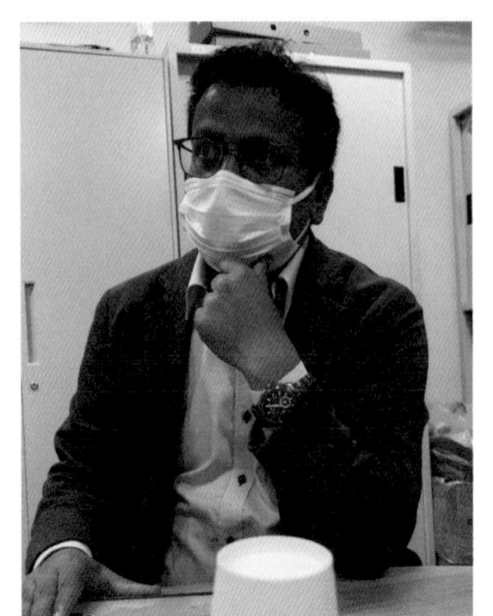

カトマンドゥではないが、ネパールにいた。のんびりベッドで過ごしていたら地震が来たが、その時は地震を経験したことがなかったので、何が起こったかわからなかった。家で母が「とにかく外へ出よう」と言い、家を飛び出して近所の人と話したりした。建物に大きな被害があったわけではないので、家に戻り、ニュースなどを見て大きな被害があったカトマンドゥの状況をようやく知った。

地震というものを情報でしか知らなかったので、この大地震で初めて体験し、みんな、準備が必要だと初めて知った。それ以降、地震への備えとして薬や水を用意したりするようになった。

学校が再開するまでには結構時間がかかった。精神的にトラウマを抱えるケースもあり、その人は大地震での衝撃を思い出してしまうので、家族と同じ部屋で寝るようにしたりしていると聞いた。 **（B 先生）**

●日本での災害対策について

まずはスマホの警戒アラートについて知った。日本に来て長くはないが、小さい地震には慣れてしまって、スマホの警報はルームメイトを頼りにしている。防災に関しては、防災グッズをリュックに入れて用意し、玄関に置いておくことが大事と聞いた。

日本に来てすぐの時は、地震が起こるたびに怖くて家の外に出ていたが、（ネパール大地震の時のように）近所の人は外に出てこず平然としていることに驚いた。日本で起こる大地震についてはよく想像し不安な気持ちになる。地震が起きたらどうしようと思ってはいるが、実際に起こった時どこへ、どのように行けばいいのか、何をすればいいのかわからない。言葉がわからないからどうなるのかわからず不安。

ネパールで大地震を経験してから日本に来たので、地震への怖さから安全への意識を強く持っている。まだ、日本ではネパール大地震ほどの災害は経験していないが、起こるかもしれないと聞いている。家族含め安全にいられるように、どんなものを持っていればいいのか、どこへ行けばいいのかなどの情報が必要だと思う。 **（C 先生）**

泉大津市立浜小学校が取り組む防災学習

関西大学社会安全学部　城下 英行 准教授

●泉大津市はどんなまち？

泉大津市は、大阪府中部に位置する人口7万5千人程度の都市です。古くは松林の美しい砂浜があったそうですが、現在では沿岸部は大規模に埋め立てられ、フェリー埠頭や流通倉庫、工場等が存在しています。

泉大津市では2013年度から市内の小・中学校で防災学習をスタートさせました。私たち関西大学社会安全学部城下ゼミでは、その防災学習のスタートに時から一緒に防災学習に取り組んできました。

大阪府泉大津市の位置

●泉大津市と南海トラフ巨大地震

南海トラフ巨大地震が発生すると、泉大津市では震度6弱程度の揺れとなり、最大で4.4メートル程度の津波が来襲することが想定されています。2014年に大阪府が公表した被害想定によれば、この津波によって泉大津市内だけでも最大で約2,000人の人が命を落とす可能性があることが指摘されています。しかし、この想定は避難意識が「低い」場合の結果であり、避難意識が「高い」場合、すなわち地震後に誰もがすぐに避難を開始した場合、津波で亡くなる人は一人もいないという想定結果になっています。つまり、泉大津市における津波による犠牲は避けられないものではなく、素早く避難することで避けることができるものです。

●浜小学校５年生の取り組み

沿岸部に位置し、津波の来襲が予想されている浜小学校では、毎年度5年生が防災学習に取り組み、素早く避難することの大切さを広く伝えるための取り組みを行っています。最近の取り組みを紹介すると、2020年度は、津波が来たときの様子を知ることができる「津波 AR」を制作して、沿岸部各所でデモンストレーションを行いました。2021年度は「防災プロジェクションマッピング」を制作して、地域住民を招いた上映会を開催しました。2022年度は「津波防災ゲームセット」をテーマとして、全校生徒が同時に遊べるように12種類のゲームを作りました。2023年度は「防災映画」の制作を行っています。

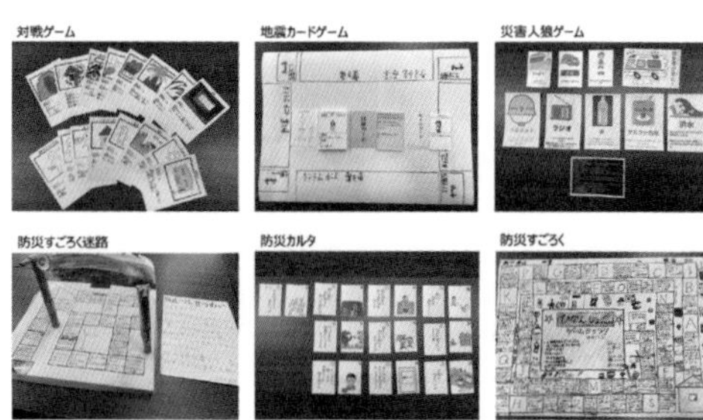

津波防災ゲーム（2022年度）の一例

防災映画（2023年度）の撮影風景

いずれも子どもたちが中心となって制作を行っています。素早く避難することの大切さを伝えることが目的ですので、制作物が完成した後には、保護者や地域の方、他の学年の子どもたちに制作物を使っての防災教育にも子どもたちが取り組んでいます。2023年3月には、Avoidable Deaths Network（回避可能な死のネットワーク）が主催したInternational Awareness Day For Avoidable Deaths（回避可能な死の国際啓発デー）の立ち上げイベントにおいて英語で取り組みについて紹介して、参加者から好評を得ました。

浜小学校の防災学習は、毎年テーマが変わっていますので取り組みに一貫性が無いように思われるかも知れません。しかし、取り組みのテーマが増えることは、その分だけ防災への入り口を増やすこととも言えます。多様な入り口を用意することで防災に関わる人を増やすことができれば、津波による死者数をゼロにできるのではないかと考えています。

子どもたちの思い（一人一言）

本書の執筆を通じて子どもたちは防災についての思いをさらに強くしています。

災害を少しでも0に近づけるために、そして、これからの行動に向けて、その決意をあらためて言葉にしました。

6年1組

事前の準備が大切だ !!　（井手 祐伸）

いつでも備えよう　あとででいいやが　命を危機に晒す　（内海 寛治）

少しの意識で大きく変わる。　（落岩 さくら）

救える命を救わなくてどうするんだ、命が惜しけりゃとにかく対策だ！　（木村 真聡）

一人一人の防災意識が未来へ繋がる！　（久木田 穂香）

災害はいつ来るか分からないから事前の準備をして備えよう。（小崎 幹直）

まずは自分、次は周りの人、何があっても自分が最初。　（小山 翔）

一つの命を自分で守る。　（近藤 伶音）

地震はいつ起こるか分からないから、普段から備えておくことが大切！　（清水 菜心）

協力してみんなの命を守り、大切にして、防災の意識を高めよう。（周藤 詩苑）

防災対策をして安心しきってはいけない。　（新宅 誉大）

災害には事前の対策ができる。　（末広 凛玖）

地震は人の予想をこえてくるから普段から防災意識を高めよう。（武内 真希）

いつ地震が起こっても大丈夫なように準備が大事。（田中 颯真）

救える命は救おう。（谷 樹）

防災意識を忘れずに、防災するために準備を続けよう。（寺井 愛理）

自分の命には、自分で責任を持つのが大切だと学びました！（永易 日向）

自分の防災意識がみんなを救う。（成瀬 千嘉）

防災の意識を高めることで未来が変わる可能性がある。（橋本 唯花）

準備して少しでも被害を減らすことがとても大切。（原田 理功）

防災非常食は自分に合ったものを準備しておくことが大切。（樋裏 ユノ）

一人一人、防災をしようとする意識が大事だ。自分や家族の命を救うためにも。（福田 絢菜）

防災を学ぶことで、誰かの命が助けられる。（福本 悠）

災害はいつ起こるかわからないから、常に準備をしておく。（南 萌陽）

予測不可能な地震への準備を一人一人ちゃんと日頃からやっておこう。（三輪 遥）

ひとつの命は一人の人間。（村田 万美子）

新たな防災意識を身につけろ、基礎から上級者へ。（村田 倫太郎）

知識だけ持っていてもしょうがない、実践することが大事☆（山縣 隼也）

大切な人やペットを守るために一人一人の防災意識を高めることが大切！（山口 紗季）

いつ襲ってくるか分からないからいつ起きてもいいようにする。（山﨑 要）

6年２組

より多くの人が、危機感を持って防災に備えることができるように。
（稲谷 龍哉）

命の大切さを忘れないようにしよう！ （今村 心）

防災被害をなるべく０に近づける。 （植山 雄翔）

事前に準備をしておくことが大切。 （大谷 優結）

一人一人の命を地震で亡くさないために防災意識を高めよう。（荻ノ迫 世愛）

自分を家族を友達を守るために防災対策を！ （奥田 真理奈）

自分や家族の日常を守るために災害準備をする。 （掛谷 莉央）

日頃から準備をして、少しでも被害を減らして、他の人を救えるようにしよう。
（叶 順心）

この本をきっかけに、防災に一歩でも近づいてほしい。 （川端 旬）

自分の命を守るために、災害の知識を増やす。 （河村 昊葉）

自分を守るため災害準備を！ （北村 大地）

防災意識を高め、日頃から災害準備をする。 （後藤 咲妃）

多くの人の命を守るために防災意識を高めよう！ （佐伯 星成）

全ての人が災害に対する準備をして被害を減らすことが大切。
（髙木 悠雅）

少しだけでも防災について知れば、誰でも多くの命を救うことができる。
（髙水 悠衣）

災害に備えておくことが大切。 （中西 莉愛）

防災対策は完璧ですか？　本当にその対策で「みんな」の命が守られますか？
（長昌 里奈）

家族を守るために知識を増やす。（西平 桜）

みんなの命を守るために防災をしよう。（羽間 百花）

災害が起きてからでは遅い。（林 美桜）

命は一つしかないという重さを知ることが大切。（平田 知穂）

いつ地震が起こってもいいように備えよう。（福島 みのり）

大切な人を守るために防災意識を高めよう。（藤川 花音）

自分の命は一度だけ。（細井 杏路）

自分の命は自分で守ろう。（本田 理貴）

地震の時日頃から準備することで焦らず動ける。防災に少しでも意識して。（松永 遥斗）

地震の色々な可能性を想定した対策をしよう。（的場 遼一）

災害に対する一人一人の考え方を変えて行ってほしいと思います。（安永 将太朗）

他人事にせず、地震に対して自分で考えて欲しいです。（横関 優里）

防災をわかったことにしてはいけない。実践が大事！（渡邉 花音）

●先生から

「やってみる」ことで自覚化、気づきや主体性が生まれる

関西大学初等部　6年1組担任　石井芳生

約10万5千人もの死者行方不明者を出した関東大震災からちょうど100年目を迎える今年、防災学習に真剣に取り組んできた子どもたちが、この本を出版することに運命的なものを感じている。100年前の先人は防災の術を知らず、多くの命を落とした。防災に対する知識や技術、経験があれば、これほどまでの犠牲者数を出すことはなかっただろうが、過去に戻ってやり直すことはできない。命はひとつ。これから先、“みんなが助かる”ことを「考動」できる力を一人ひとりが身につけることが防災の最善策だと感じる。

“命を守るための防災”への想いにスイッチが入った時があった。神戸市の「人と防災未来センター」で再現映像を見た時。燃える瓦礫の中にいる姉が妹へ「私のことはいいから先に行って」と叫ぶ。姉の最期の言葉や心中、今も姉の無念を想う妹の心中が、子どもたちの胸に刺さり、上映後も静まり返った。また、NHK for School「学ぼうBOSAI〜命をつなぐ〜」を視聴した時。高井さんは阪神・淡路大震災で一歳の赤ちゃんを家具の転倒によって圧死で亡くした。救助隊が到着し、心臓マッサージが施されたが、トリアージによってマッサージは打ち切られ、その直後から身体がどんどん冷たくなっていった。憤りや悲しみが入り混じり、多くの子が目に涙を溜めた。

防災は大切だとわかっていても、特に何もしていない人もたくさんいることを知った子どもたちが開催した防災フェスタは、そういった人たちの心を揺さぶるための企画であった。自分で「やってみる」ことで自覚化でき、新たな気づきや主体性が生まれた。地震が起きる前、起きた時、起きた後に何を優先すべきか、そのためにはどんな備えが要るか、何が阻害要

因になるかをシミュレーションしておき、有事には臨機応変に「考動」できる力を発揮することが求められる。

校正をしていた2024年の元日に令和６年能登半島地震が起き、心が痛んだ。災害は予告なしで、予想を超えてくる。

この本に掲載されている子どもたちの「やってみた」が、これから多くの人々の命を守ることにつながると確信している。

「防災」を学ぶとは、真の意味での総合的な学び

関西大学初等部　6年2組担任　堀 力斗

命に関わる大切なことだけれど、なかなか身近に感じられない。いつ起こるかわからないものに備える「防災」というテーマは、どうすれば「自分ごと」になるのだろうか。この学習を始めた時から、子どもたちとずっと共に悩んできたことである。私自身も、このプロジェクトに取り組む前は、そこまで真剣に防災のことを考えたこともなかったし、十分に備えをしていたとは言えない。「自分だけは大丈夫だろう」と、根拠のない安心感を持っていたことも事実である。しかし、子どもたちと共に「人と防災未来センター」へ行き、阪神淡路大震災の被害の状況、そこで起こったことを見聞きし、南海トラフ巨大地震の被害予想から、自分の家族がその中に入らないとは言えないと気づいたこと。災害が起こる前、起こった時、起こった後に備えるべきこと、考えるべきことがたくさんあり、それを知らないことこそが自分も家族も、多くの人を危険にさらすことになることを実感した。こうして感じられた「このままでいいの？」という思いから、実際に足を動かし、手を動かしてやってみることを子どもたちと共有し、実際に避難場所に行ってその道のりや安全性を確かめた。

何が必要なのか、なぜ必要なのかを考えながら非常用持ち出し袋を準備した。そうして実際に「やってみた」ことで、災害に備えるということは、

決まった一つの答えがあるのではないことに気づくことができた。準備すること、取るべき行動はその時の状況によっていくつも選択肢があり、命の危険が迫った時に最善の判断ができるようにするために備えることが必要である。多面的にみる目を養い、科学的にアプローチをして自分なりの解を導き出すこと。「防災」を学ぶということは、真の意味で総合的な学びが生まれるのだと強く感じた。

「防災」は、子どもも大人も、みんなが考えるべきことである。そしてこの「みんな」には、赤ちゃんも、高齢者も、障がいがある人も、外国人も、ペットも含め、他にも様々な存在が含まれている。この本を通して何か「やってみる」きっかけとなり、この本が誰か1人でも助かる一助になることを強く願っている。

■著者　関西大学初等部６年生（第11期生）
６年担任　石井芳生・堀 力斗

■協力　関西大学社会安全学部
河田 惠昭 特別任命教授

●各章扉
小山 倫史 教授……………………………………………………… 第1章
中村 隆宏 教授……………………………………………………… 第2章
髙野 一彦 教授……………………………………………………… 第3章
城下 英行 准教授…………………………………………………… 第4章
元吉 忠寛 教授……………………………………………………… 第5章
土田 昭司 教授……………………………………………………… 第6章

●吹き出しコメント
近藤 誠司 教授……p.15, p.21, p.29, p.41, p.69, p.95, p.131, p.147
菅 磨志保 准教授……p.19, p.23, p.35, p.52, p.87, p.111, p.133, p.155

■ Voice!　寄稿者
野口 澄さん＊
山下 若菜さん＊　　＊協力：熊本市教育委員会
坂本 紫音さん
川本 柊さん
高槻市役所危機管理室のみなさん
坂本 真理さん
エベレストインターナショナルスクール・ジャパンの先生たち
関西大学社会安全学部　城下 英行 准教授

やってみた！ いのちを守る64の防災活動

小学生の体験レポート＋専門家のアドバイス

2024 年 2 月 3 日　初版発行
2024 年 3 月 1 日　2刷発行

著　者　関西大学初等部 6 年生（第11期生）
発行者　横山験也
発行所　株式会社さくら社
〒101-0051　東京都千代田区神田神保町2-20 ワカヤギビル5F
TEL：03-6272-6715 ／ FAX：03-6272-6716
https://www.sakura-sha.jp　郵便振替00170-2-361913

ブックデザイン　　株式会社ウエイド
印刷・製本　中央精版印刷株式会社

ISBN978-4-908983-72-6 C0037